Français • Deuxième cycle du primaire

Multitextes

Ardoise

Danielle Lefebvre
Directrice de collection

Volume 1

CEC
LES ÉDITIONS CEC INC.

8101, boul. Métropolitain Est, Anjou, Qc, Canada H1J 1J9
Téléphone : (514) 351-6010 Télécopieur : (514) 351-3534

Directrice de l'édition
Carole Lortie

Directrice de la production
Danielle Latendresse

Directrice de la coordination
Isabel Rusin

Chargée de projet
Mélanie Perreault

Conception et réalisation
Axis communication

Conception et réalisation de la page couverture
Studio Douville

Illustration de la page couverture
Josée Masse

Illustrations et bricolages
Sylvie Arsenault : p. 100-102, pochoirs : p. 118-119.
Christiane Beauregard : p. 52, 78-79.
Hélène Belley : p. 132-133.
Nicolas Debon : p. 104-107, 139.
Daniel Dumont : p. 22-24, 126-130.
Mylène Henry : p. 44-46, 89-94.
Marie Lafrance : p. 81, 124-125.
Josée Masse : p. 14-15.
Jean Morin : p. 10-11, 37-43, 86-88.
Caroline Paquet : Panda en mosaïculture : p. 118.
Yvon Roy : p. 33, 115.
Rémy Simard : p. 28-29.
Meng Siow : p. 27, 108-113, 141-144.
Bruno St-Aubin : p. 47-50.
François Thisdale : p. 30-32, 137-138.

Sources iconographiques
p. 16, © *DIGITAL VISION*
p. 17, © *PHOTODISC*
p. 26, © *PHOTODISC*, © *EYE WIRE*
p. 29, © *PHOTODISC*
p. 34, Dog Tick
© *Lester V. Bergman/CORBIS/MAGMA*
p. 35, La vie quotidienne d'une femme enceinte à Paris
© *MARKOW TATIANA/CORBIS SYGMA/MAGMA*, © *ARTVILLE*
p. 36, Scientist Louis Pasteur
© *Hulton-Deutsch Collection/CORBIS/MAGMA*
p. 37, Doctor Checking Boy's Throat
© *Royalty-Free/CORBIS/MAGMA*
p. 38, © *STOCKBYTE*
p. 51, Girl with Teddy Bear Sleeping
© *Royalty-Free/CORBIS/MAGMA*
p. 53, Roman Statue Representing Sleep
© *Bettmann/CORBIS/MAGMA*, Detail Showing Bes from
Sculptural Program of the Temple of Isis at Philae
© *Royalty-Free/CORBIS/MAGMA*
p. 54, © *ARTVILLE*
p. 86, © *DIGITAL VISION*
p. 88, © *PHOTODISC*
p. 99, © *PHOTODISC*
p. 131, L'organisation espagnole pour aveugles Once
© *MAURY CHRISTIAN/CORBIS SYGMA/MAGMA*

Dans cet ouvrage, la féminisation des titres de fonctions et des textes s'appuie sur des règles d'écriture proposées par l'Office de la langue française dans le guide *Au féminin,* Les publications du Québec, 1991.

Les Éditions CEC inc. remercient le gouvernement du Québec de l'aide financière accordée à l'édition de cet ouvrage par l'entremise du Programme de crédit d'impôt pour l'édition de livres, administré par la SODEC.

© 2003, Les Éditions CEC inc.
8101, boul. Métropolitain Est
Anjou (Québec) H1J 1J9

Dépôt légal : 2e trimestre 2003
Bibliothèque nationale du Québec
Bibliothèque nationale du Canada

ISBN 2-7617-2070-9

Imprimé au Canada
1   2   3   4   5   07   06   05   04   03

Signification des symboles

📕 : texte facile

📕📕 : texte un peu plus difficile

📕📕📕 : texte plus difficile

Table des matières

Unité 3 — Des contes à faire rêver...

Unité 4 — Poètes, au travail !

Unité 5 — Coup de pouce à l'environnement

Unité 6 — Les livres, des amis pour la vie

Le jeune loup qui n'avait pas de nom

Assis sur une pierre au bord du chemin, un jeune loup pleure.

Passe un vieil homme tout courbé qui porte sur son dos un sac.

— Pourquoi est-ce que tu pleures, loup ?

Le jeune loup répond :

— Je pleure parce que je suis le septième loup et que je n'ai pas de nom.

— Tu n'as pas de nom ?

— Non. Mes six frères et sœurs ont tous des noms et même de très jolis noms. Les garçons s'appellent Léopold, Lindbergh et Luculus… Et les filles s'appellent Lara, Luce et Lullabi…

Le soir, quand nous nous couchons, notre mère louve tire sur nous la couverture et elle embrasse chacun sur le museau en disant :

— Bonne nuit, Luculus ; bonne nuit, Lara ; fais de beaux rêves, Léopold…

À moi elle ne dit rien puisque je n'ai pas de nom.

Le matin, nous buvons dans nos bols sur lesquels sont écrits nos noms : sur le mien rien n'est écrit puisque je n'ai pas de nom…

Puis nous partons pour l'école et notre père loup dit à chacun :

— Bonne journée, Lindbergh ; travaille bien, Lullabi ;
n'oublie pas tes livres, Luce…

À moi il ne dit rien puisque je n'ai pas de nom.
Le vieil homme dit au loup :

— Ne pleure plus et suis-moi.
Ton nom est dans mon sac.

Mourlevat, Jean-Claude (pour le texte) et Jean-Luc Bénazet (pour les illustrations).
Le jeune loup qui n'avait pas de nom, Toulouse, © Éditions Milan Poche Benjamin, 1998.

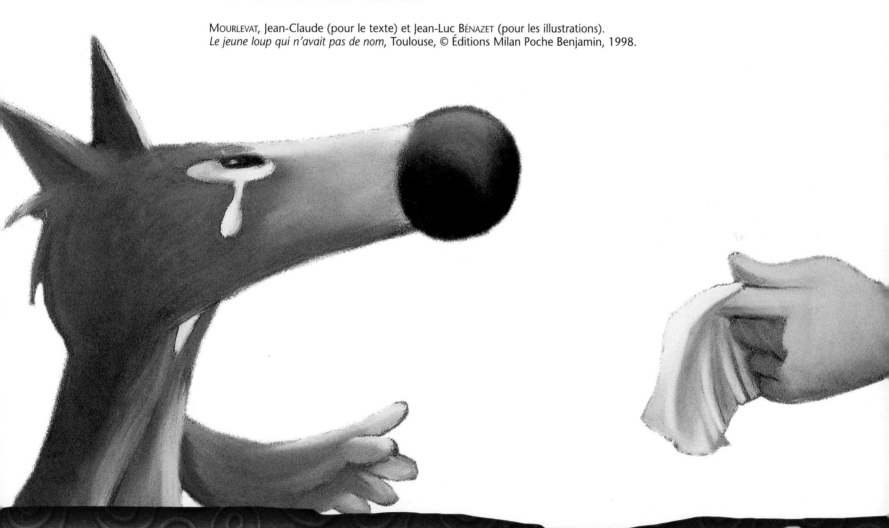

La grande aventure d'un petit mouton noir

Sur les côtes d'un pays lointain, vivait un petit mouton pas tout à fait comme les autres. D'abord il ne bêlait pas. Il faisait un drôle de chhh… chhh…, un bruit semblable à celui du vent dans les voiles d'un navire.

Puis il n'était pas blanc crème, comme le sont généralement les petits moutons. Son pelage était noir, aussi noir qu'un morceau de charbon.

Il ne mangeait pas d'herbe, ce petit mouton-là. Il broutait de l'espace. Des coins de ciel bleu, des bouts d'horizon, des miettes de paysage. Et souvent il se disait : « Comme j'aimerais partir en voyage ! »

Tous les jours, le berger retrouvait son petit mouton noir sur la falaise, en train de flâner. Il le ramenait avec les autres.

Un soir, il le vit s'approcher dangereusement du bord, l'air absent. « Il va finir par tomber, s'inquiéta le vieil homme en secouant la tête. Il va finir par tomber… »

Et c'est exactement ce qui arriva un jour : le petit mouton
fit un pas de trop, bascula dans le vide et s'enfonça dans la mer.

Une baleine blanche passait justement par là.
Elle était toute seule, comme d'habitude, et se
demandait à quoi s'occuper, quand elle vit venir
cette chose noire et ronde qu'elle prit pour un ballon.

« Hourra ! se réjouit-elle. Enfin de l'action ! »

CROTEAU, Marie-Danielle (pour le texte)
et Geneviève CÔTÉ (pour les illustrations).
La grande aventure d'un petit mouton noir,
Saint-Lambert, © Dominique et compagnie.
1999.

Benjamin, le champion

Benjamin adore le soccer. Il aime courir et dribbler. Il aime surtout l'uniforme. Il porte son beau chandail violet et jaune et ses jambières même quand il ne joue pas au soccer.

Parfois, il dort avec son ballon et marque des buts en rêve.

Avant chaque partie, Benjamin s'entraîne dans le parc. Il lance et relance le ballon avec l'intérieur de sa patte. Il fait des exercices de réchauffement, puis de la marche pour reprendre son souffle.

Mais Benjamin a des problèmes. Il ne court pas très vite, même sans ballon de soccer entre les pattes. Et quand il lance le ballon, il n'atteint jamais son but.

Béatrice regarde le ballon de Benjamin voler dans les buissons.

— Je ne compterai jamais de buts, dit tristement Benjamin.

— Ni moi, dit Béatrice. J'oublie toujours qu'il est interdit de toucher le ballon avec mes ailes, à moins d'être gardien de but. Tout le monde se fâche contre moi.

Béatrice montre à Benjamin combien elle peut étendre ses ailes.

Lili observe aussi.

— Je ne compterai jamais de buts, dit-elle,

parce que ma queue est si grosse et si lourde qu'elle m'affaiblit.

Lili court un peu. Benjamin et Béatrice comprennent aussitôt son problème.

— Pas étonnant que nous soyons toujours perdants, rouspète Benjamin.

C'est vrai. L'équipe de Benjamin n'a pas gagné une seule partie au cours de la saison. L'équipe de Martin a gagné toutes les parties.

L'entraîneur ne s'en fait pas trop. Elle dit la même chose avant chaque partie : « Nous sommes là pour nous amuser ! »

Les parents de Benjamin ne s'en font pas trop non plus. « Bel essai ! » lancent-ils chaque fois que Benjamin touche le ballon.

Mais Benjamin, lui, s'en fait énormément.

— Qu'est-ce qui ne va pas ? demande le père de Benjamin.

— Je ne marque jamais de buts.

— Mais tu fais de ton mieux et tu t'amuses, ajoute son père. C'est ce qui compte.

Benjamin hoche la tête. C'est ce que disent tous les adultes. Mais il voudrait tant que tout le monde l'applaudisse. Il veut marquer un but.

BOURGEOIS, Paulette (pour le texte) et Brenda CLARK (pour les illustrations). Richmond Hill, *Benjamin, le champion,* © Les éditions Scholastic, 1995.

Catherine, m'entends-tu ?

Fiche de
lecture
4

On dit que la nature fait bien les choses. Mais je crois que parfois elle agit de manière bizarre.

Certaines personnes confondent le rouge et le vert, et ne peuvent distinguer une tomate d'une pomme bien ronde. D'autres, et c'est bien plus grave, ne voient pas du tout. Cela crée bien des problèmes quand on veut communiquer les uns avec les autres.

Eh bien, c'est un peu ce qui m'arrive : non pas avec les yeux, mais avec les oreilles. Je n'entends rien, je n'ai jamais rien entendu.

Quand j'étais toute petite, je ne comprenais pas ce qui se passait. Je voyais ma famille gesticuler autour de moi, ouvrir et fermer la bouche, et je regardais avec étonnement.

Je comprenais parfaitement ce que me demandaient mes parents. Ils étaient attentifs et connaissaient mes besoins. Mais quelquefois ils avaient un visage préoccupé et des gestes bizarres, et je savais alors qu'ils étaient un peu fâchés contre moi.

Je ne me souviens pas du moment où j'ai pris conscience que j'étais sourde.

Mais je me souviens parfaitement que j'allais dans une école où les autres enfants étaient comme moi. Il était bien difficile de se faire des amis.

Un jour, mes parents m'ont donné un appareil avec des écouteurs afin de m'aider à capter quelques sons. Ça ne me plaisait pas, et dès que je le pouvais, je l'enlevais.

Cela fâchait beaucoup papa et maman, et moi je n'arrêtais pas de bouder et de cacher l'appareil. [...]

J'ai eu beaucoup de mal à apprendre à parler car je n'entendais pas le son de ma propre voix. En mettant mes doigts sur ma gorge, je pouvais y sentir un léger chatouillement quand j'articulais pour faire sortir un son. Tout le monde gesticulait en parlant avec moi. J'ai pris l'habitude de lire sur les lèvres, et je comprenais ce qui se disait, même quand on ne s'adressait pas à moi.

Puis, je suis allée dans une nouvelle école avec des enfants entendants, mais je me sentais quelquefois bien seule et triste. J'avais du mal à me faire comprendre. [...]

J'ai grandi. [...]

J'ai beaucoup d'amis, et qui ne sont pas sourds. Nous nous aimons beaucoup, même si quelquefois nous faisons un effort pour nous comprendre.

MARTINEZ I VENDRELL, Maria. *Catherine, m'entends-tu ?* Paris, © Grupo Planeta, 1993.

Les garçons et les filles

Jessica, Martin, Clément, Paul et Aurélia sont perdus dans la forêt. Cela fait 3 heures qu'ils cherchent l'endroit où ils ont rendez-vous avec leurs parents. Après un moment de panique, Martin propose :

«On se calme, on n'arrivera à rien ce soir, on va s'épuiser à marcher et on finira par s'écrouler sans pouvoir faire un campement. Je propose qu'on s'arrête. Mais je n'ai pas d'idée sur ce qu'il faut faire pour bien passer la nuit. »

«Moi, je sais, dit Jessica. En camp d'été, j'ai pris des cours de survie en montagne, ça doit être valable ici : un feu, des tranchées, un abri au-dessus de nos têtes, et s'allonger collés les uns aux autres. » [...]

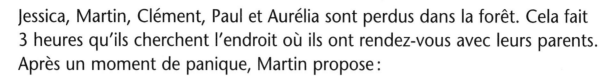

Paul a appris avec son père, qui est pharmacien, quels champignons on pouvait manger : « Je vais essayer d'en trouver, pour qu'on ne meure pas de faim. » Il pense avoir entendu un bruit d'eau. Peut-être qu'il pourra remplir la gourde.

En ajoutant leurs différences, ils vont sûrement s'en sortir. Chacun sait des choses ou a des qualités qui s'additionnent à celles des autres. Et le résultat est meilleur. C'est sûr qu'ils sont plus forts à cinq que seuls.

Haut-bas, chaud-froid, plus-moins...

Si tous les humains étaient exactement pareils, avaient exactement la même intelligence, pensaient tous de la même manière, on serait encore au temps des cavernes ! Rien n'aurait changé dans le monde.

C'est quand il y a des différences qu'il se passe des choses. Sans différence d'altitude, sans différence entre le haut et le bas, l'eau ne pourrait pas tomber, entraîner des machines et produire de l'électricité.

Un jeu qui a besoin d'une pile peut se mettre en marche uniquement parce qu'il y a une différence entre les deux côtés de la pile : un plus et un moins. Une voiture peut rouler si le moteur, qui est chaud, reçoit de l'air froid. Grâce aux différences, il se crée des choses. Il se crée du mouvement, de l'énergie. Chez les humains aussi. Grâce aux différences entre humains, on crée, on invente, on apprend, on s'améliore.

LABBÉ, Brigitte et Michel PUECH. *Les garçons et les filles*, Toulouse, © Éditions Milan, 2002 (Coll. Les Goûters Philo).

Qu'est-ce que le racisme ?

Nous faisons tous partie de l'espèce humaine. Cependant, nous sommes tous différents, des individus bien distincts. Tu n'es pas exactement pareil à ta mère, à ton père, à tes frères ou à tes sœurs, même si tu leur ressembles fort. Ton corps, ta personnalité sont uniques. Tu ressembles peut-être à certains camarades de ta classe, mais cela ne veut pas dire que tu es semblable à eux. Ton meilleur ami peut avoir une autre religion que toi ou parler chez lui une autre langue que le français.

Les différentes races de l'espèce humaine ont des caractéristiques physiques propres, mais leur comportement n'est pas nécessairement différent. Et surtout, il n'y a pas une race supérieure aux autres. Les racistes pensent, eux, que «leur» race est supérieure. Ils ont tort. Des journaux, des films, leur environnement les ont peut-être amenés à penser ainsi, mais le racisme n'a aucune base scientifique.

Si tu te tiens à l'écart de quelqu'un parce qu'il a la peau d'une autre couleur que la tienne, parce qu'il parle autrement que toi ou parce qu'il pratique une religion différente, tu fais preuve de racisme.

Dans notre société, à cause du racisme, certains groupes ont plus de pouvoir et un rang social plus élevé. La loi interdit généralement toute discrimination raciale en matière de logement, de travail ou d'accès à l'enseignement. Mais les insultes racistes sont fréquentes dans les bus, dans les classes, sur les terrains de jeux. Les cas de discrimination raciale peuvent être portés devant les tribunaux, mais il est souvent très difficile de prouver ce qui est arrivé exactement. Quand un tribunal donne raison au plaignant, cela montre que certains s'efforcent de rendre la société plus juste. Il faut du courage pour arriver à connaître quelqu'un que des parents ou des amis déconseillent peut-être de fréquenter. Michel et Ngugi sont dans la même classe. Michel dit : «Je ne joue pas avec les Noirs». C'est du racisme. Les deux garçons supportent la même équipe de football, aiment la même musique, apprécient les mêmes plats. Si Michel interrogeait Ngugi, il apprendrait tout cela et constaterait ainsi qu'il a plus en commun avec lui qu'avec son cousin. Mais Michel a des préjugés à l'égard de Ngugi, sans même lui avoir parlé.

GRUNSELL, Angela. *Le racisme*, Tournai/Montréal, Gamma/École Active.
Adaptation française : Marcel Fortin/Jeannie Henno, 1990 (Coll. «Parlons-en…»).

ALBUM LITTÉRAIRE

Pour que maman revienne

Fiche de lecture 7

Cècette vit seule avec ses grands-parents. Il y a longtemps, son père est parti en mer et n'est jamais revenu. Sa mère, elle, a trouvé du travail au loin. Cècette adore Man Ninie et Papoli, mais cela ne l'empêche pas de s'ennuyer de sa maman. C'est pourquoi elle guette son arrivée, jour après jour…

Il est déjà midi. La tôle est brûlante, mais peu importe, Cècette attend. Elle attend sa mère. Soudain l'horizon semble bouger en un point minuscule. Cècette se lève. Son cœur bat très fort. Le point se rapproche lentement, dans une traînée d'écume blanche.

— Tchip! fait Cècette déçue. C'est seulement Firmin. Il rentre de la pêche.

Bientôt, il arrivera sur la plage de Folle-Anse. Comme des yinyins, des moucherons, tous s'agglutineront autour du canot pour avoir un kilo de poissons-souris, de poissons-chats, ou de poissons-perroquets. L'horizon reste désespérément vide. Ce n'est pas encore aujourd'hui qu'elle viendra…

Une voix retentit :

— Cècette!

18

Unité 1

Cècette essaie de descendre discrètement du toit, mais Man Ninie est déjà là, immobile comme un zandoli.

— Tonnerre ! gronde Man Ninie. Cècette, combien de fois t'ai-je dit que les filles ne doivent pas grimper aux arbres ? S'il t'arrivait malheur, que dirais-je aux gendarmes, et à ta mère ? Cècette incline la tête sous cette pluie de paroles. Elle ne veut pas pousser l'insolence jusqu'à regarder une grande personne dans le blanc des yeux.

Man Ninie soupire bruyamment telle une tortue-karèt.

— Va me chercher ton grand-père ! Celui-là, c'est à la mer qu'il aurait dû passer la bague au doigt, puisqu'il l'aime tant !

À l'ombre d'un amandier, Papoli raccommode son filet.

— Man Ninie te fait dire de venir ! dit Cècette.

— Anhan ! marmonne Papoli sans relever la tête.

La mer, calme, fait entendre un doux clapotis de coquillages et de galets qui s'entrechoquent. Cècette a soudain une idée.

Elle va envoyer un dessin à sa mère. Oui, un dessin pour qu'elle revienne plus vite. Un dessin avec, tout autour, des petits coquillages collés et du sable aussi. Du sable qu'elle ira chercher à l'Anse-Bois-d'Inde.

Là-bas, la mer est agitée et il n'y a jamais personne pour fouler le sable. Il est bien plus beau. Cècette ne parlera pas de cela à Man Ninie, parce qu'elle lui interdirait d'y aller. Elle attendra un jour où sa grand-mère ne sera pas là.

— Ce ne sera pas cette après-midi. Je dois aider grand-mère ! se souvient Cècette.

GODARD, Alex. *Maman-dlo*, Paris, © Éditions Albin Michel, 1998.

CONTE ÉTRANGER

Linn-Linn la petite fille du restaurant chinois

Fiche de lecture 8

1re PARTIE Nous sommes chinois. Mon prénom est Linn-Linn. Dans la langue de mes parents, Linn-Linn se dit comme une petite poésie : « Bouquet d'arbres ». En France, dans une petite ville, ma famille a ouvert un restaurant orné d'une façade rouge vermillon et gardé par deux dragons : « Wang Chiang Lo », « Regard sur la rivière Yang-Tsé ».

Le cuisinier, mon papa, entoure de secrets ses plats mitonnés. Entre ses mains, sculptés, émincés, ciselés, les légumes se transforment en fleurs, en papillons ou en oiseaux !

Sur commande, maman sert le délicieux canard aux chrysanthèmes, une recette ancienne. Mes parents espèrent l'aide de Sao Chi, mon oncle. Viendra-t-il ? Toujours toute seule, je m'ennuie.

Dans l'étroite cuisine, bouillonne un fait-tout. Des senteurs de champignons du bois chinois s'échappent d'une marmite en terre. Les paniers en bambou sont empilés dans le wok, une fois garnis de trésors de la mer et de savoureuses brioches à la vapeur. Il y résonne un tinta-marre de tranchoir, de bols, de cuillers, de tamis, de coupelles, d'épuisettes…

2e PARTIE Derrière un nuage de vapeurs parfumées, maman voit-elle que je m'ennuie ? Le service dure encore, dure depuis midi ! Dans la cour intérieure, je pense à quelqu'un qui me manque beaucoup : Yie Yie. Mon grand-père que j'appelle Yie Yie est resté seul, en Chine du Sud.

Un midi, un remue-ménage inhabituel dans le restaurant m'entraîne jusqu'à la porte sur la rue. Un taxi démarre. Je n'en crois pas mes yeux!

— Sao Chi! Sao Chi!

Tout en me faufilant, je crie:

— Ouai.. ai… ais!

— Comme tu as grandi, tu es devenue une vraie petite Européenne!

3ᵉ PARTIE À nos pieds, il y a un tas de bagages. Je ris…

Dans ma cour, Sao Chi pose délicatement un colis. J'écoute mon oncle:

— Grand-père estime qu'il est trop vieux pour voyager dans «la grande machine à voler», mais il m'a confié un petit cadeau pour toi.
Je froisse l'emballage joyeusement, trop impatiente de découvrir le présent de Yie Yie.

— Oh! Un oiseau!

Un oiseau blotti derrière les barreaux d'une cage sculptée.
Il bâille, puis claque son bec.

— Grand-père a peur que tu t'ennuies, dit Sao Chi.
Il pense qu'en Occident aucun rossignol ne chante le chinois.

Yie Yie exige simplement que j'emmène mon oiseau, une fois par jour, prendre l'air de la ville. Pour ne pas effrayer l'oiseau par le trafic du quartier, nous enveloppons la cage de son rideau et nous partons.

LECUYER, Nathalie et Ginette HOFFMANN. *Linn Linn la petite fille du restaurant chinois*, Toulouse, © Éditions Milan, 1996.

Mineurs et vaccinés

J'y pensais depuis quelque temps, un peu comme pour Noël, quand on fait le décompte des jours qui restent. Sauf que là, ce n'est pas la fête : c'est pour de vrai.

Je n'ai presque pas mangé. Je sais que le repas du matin est le plus important de la journée, mais aujourd'hui je n'ai pas faim. J'ai avalé un tiers de banane, un quart de rôtie et la moitié d'un jus d'orange. C'est vraiment une fraction de déjeuner.

Le visage de madame Piqûre ne cesse de me hanter. Elle avait de grands yeux bruns, une bouche pleine de dents blanches, un nez et même deux oreilles sous ses cheveux noirs qui ondulaient. C'était... monstrueux !

Avant de quitter la maison, je caresse une dernière fois la tête de ma petite sœur Isabelle. Je ne lui donne pas de baiser, car ses joues sont barbouillées de beurre d'arachide et de confitures de fraises. Vais-je la revoir ?

— Je changerais bien de place avec toi aujourd'hui, mon Isa...

— Tu sais qu'elle se fait percer les oreilles ce matin, Dominic ? me signale maman.

— Les oreilles ? Bye !

Je me suis traîné les pieds pour me rendre au coin de ma rue. Les freins qui crient annoncent l'arrivée de l'autobus. Je grimpe à l'intérieur, saluant d'un bref regard le chauffeur Bruno. Bruno, c'est son prénom, mais ça pourrait être aussi son nom de famille. Personne n'a pensé à le lui demander.

Je lui glisse à l'oreille :
— N'allez pas trop vite, s'il vous plaît…
— Ah ! je vois… C'est ce matin que ça se passe…

Je m'assois à l'arrière, en fixant le vide.

Bruno a pas mal d'expérience derrière le volant d'un autobus scolaire. Il sait ce que l'automne ramène pour les élèves de quatrième année qui fréquentent l'école André-Fortin. Personne n'y échappe.

Sur la banquette derrière moi, Vincent, un grand de sixième année, constatant mon inquiétude, se moque de moi. Il dit à voix haute à ses amis :

— Eh, les gars ! Vous savez pourquoi les infirmières s'exercent à piquer des oranges et des pamplemousses ?
Parce qu'ils ne peuvent pas crier, eux !

Normalement, on met un quart d'heure à se rendre à l'école. Là, ça m'a paru quinze minutes, pas plus.

La porte s'ouvre. L'autobus se vide. Il ne reste plus que moi, toujours assis à ma place.

— Faut y aller, me dit Bruno, en me tirant doucement le bras. C'est trois fois rien. Tu m'en reparleras au retour.

La cloche sonne la rentrée des élèves. Je rejoins Anthony au vestiaire. Il voit bien que je n'ai pas bonne mine.

— Tu as bien dormi ?
— Non… J'ai rêvé à madame Piqûre…
— Madame Piqûre ? dit Anthony, l'air amusé et la curiosité piquée.
— Oui, madame Piqûre. C'est comme ça que les élèves l'appelaient dans mon rêve. […]

La porte de la classe s'ouvre.

Une dame s'avance vers nous. Mais… je la reconnais ! Je la pointe du doigt et je crie :

— C'est madame Piqûre !

BERGERON, Alain M. *Mineurs et vaccinés*, Saint-Lambert, © Soulières éditeur, 2002.

Puis-je m'approcher d'un animal qui semble gentil ?

Fiche de lecture
10

Certainement pas! Parfois, quand un animal sauvage à l'air gentil, c'est parce qu'il est atteint de la rage. S'il parvient à te lécher ou à te mordre, tu peux attraper cette maladie. Alors garde tes distances de tout animal que tu ne connais pas, même s'il s'agit d'animaux domestiques.

Sais-tu qu'il y a plus de chats que de chiens qui sont enragés ? Même si ce chaton a un petit minois adorable, si tu le rencontrais, il vaudrait mieux que tu ne le touches pas.

Face à quelles bêtes dois-je prendre la poudre d'escampette?

Les animaux sauvages suivants sont porteurs de la rage. Si tu en croises un qui agit bizarrement, reste à distance! Va vite avertir tes parents pour qu'ils préviennent les services vétérinaires ou la police.

Les mouffettes ne font pas que dégager une odeur insupportable. Elles peuvent aussi être enragées.

Les chauve-souris sont des mammifères nocturnes, c'est-à-dire qu'elles vivent la nuit. La rage les fait cependant sortir le jour.

Les renards sont rusés, mais aussi très timides. Tiens-toi loin d'un renard qui semble vouloir t'approcher. Cela est inhabituel: il a donc sûrement la rage!

Ne t'approche pas d'un raton laveur qui ne marche pas à quatre pattes, mais debout, et avec difficulté. Tu es peut-être en présence d'un animal enragé…

Conseils pour les parents

Pour protéger votre famille du virus mortel de la rage, faites vacciner vos animaux domestiques chaque année. Si vous ne savez pas si l'animal qui a mordu votre enfant a la rage, nettoyez, puis tamponnez la blessure à l'eau et au savon pendant 5 minutes pour diminuer le risque de diffusion. Rendez-vous ensuite chez un médecin. Le traitement doit être immédiat pour être efficace.

Que faire devant un chien qui m'est inconnu?

Quand un chien errant court vers toi, ne t'enfuis pas et ne crie pas! Reste plutôt calme et immobile. Ce chien veut probablement te flairer; c'est le moyen qu'il utilise pour faire connaissance. Ne le caresse pas, même s'il t'apparaît gentil. Ne le fixe pas non plus dans les yeux, il se sentirait menacé. Laisse-le partir, et éloigne-toi doucement à ton tour. Si tu es à bicyclette, descends et mets ton vélo entre toi et le chien, comme dans l'illustration ci-contre.

La position de l'arbre

Si tu vois qu'un chien est sur le point de t'attaquer, utilise la technique de l'arbre: croise les bras, mets tes mains autour de ton cou, et ne bouge pas!

Le déjeuner d'Olivier

Le déjeuner d'Olivier a duré 14 secondes.

En entrée, une pilule verte pour les vitamines, en plat, une pilule rouge pour les protéines, en dessert, une jaune, parce qu'Olivier a gym cet après-midi et qu'il lui faut du sucre.

« N'oublie pas d'emporter la pilule rose pour ton goûter, tu manques d'oligo-éléments, la rose en est pleine », lui recommande sa mère.

Ce soir c'est la fête, sa mère a acheté des pilules arc-en-ciel en forme de cœur pour fêter l'anniversaire de sa sœur, ces pilules sont les plus jolies, mais ils en prennent rarement car il y a un peu trop de caféine dedans.

Ça ne fait pas vraiment saliver !

On pourrait se nourrir avec des pilules très bonnes pour la santé. Comme on peut élever des poulets sans aucun goût dans des usines-prisons. Ou faire grossir des fraises sans saveur sous des lampes, en les gonflant d'eau. Des spécialistes feront des tests et prouveront que tout cela n'est pas dangereux pour la santé. Et ce sera sans doute vrai. Comme c'est vrai que les immenses immeubles en béton gris ne polluent pas, que le bruit ne salit rien, que les mauvaises odeurs n'ont jamais fait mourir personne.

Mais les humains ne sont pas seulement des corps qu'il faut maintenir en bonne santé. Il y a beaucoup d'autres choses que la santé : le plaisir, le jeu, la douceur, la beauté… Manger des aliments sans goût, ne pas voir le ciel, ne plus entendre l'eau couler ni les oiseaux chanter, ne plus sentir les odeurs des fleurs, tout cela c'est une pollution. Pas une pollution de la nature. Une pollution de la vie humaine.

LABBÉ, Brigitte et Michel PUECH. *La nature et la pollution*, Toulouse, © Éditions Milan, 2002 (Coll. Les Goûters Philo).

Le 30 octobre, sur le chemin de l'école

Fiche de lecture
12

Iʳᵉ PARTIE Ce matin, pour me rendre à l'école, je fais un détour par la rue Saint-Laurent. Je veux regarder de nouveau les vitrines pleines de masques et de costumes pour l'Halloween. Peut-être qu'à force de les contempler, j'arriverai à choisir enfin mon déguisement.

« C'est demain l'Halloween, me dis-je dans ma tête. Élodie, il faut que tu te décides… » Mais depuis des jours, j'hésite, comme toujours.

Pourtant, j'aime bien me déguiser ; quand on est déguisée, personne ne sait qui on est et on n'est pas obligée de répondre aux questions des autres. Et moi, je n'ai jamais envie de répondre aux questions des autres, parce que je suis timide.

2ᵉ PARTIE Mais il y a tant de déguisements possibles : les monstres, les sorcières et même les déguisements gentils : princesses, bergères, chats, chiens… Dans le coin d'une vitrine, j'aperçois une sorte de combinaison noire sur laquelle un squelette peint en blanc est surmonté d'une cagoule avec une tête de mort dessus.

« Voilà ce qu'il me faut ! Personne ne s'attendra à ce qu'un squelette fasse la conversation. Je vais demander de l'argent à mes parents pour acheter ce costume. »

Quel soulagement de m'être enfin décidée !

3ᵉ PARTIE Dans la cour de l'école, j'aperçois mon groupe d'amis près de la porte d'entrée. Je cours vers eux, mais comme ils sont en grande discussion, je reste un peu à l'écart. Je n'aime pas déranger les gens. Je peux quand même suivre leur conversation.

— Moi, je vais me déguiser en extraterrestre, dit Julie, mais en extraterrestre méchante, comme la reine Alpha dans la série « Galaxie ».

— Moi, je serai un monstre, un monstre affreux et dégoûtant avec la peau verte et des pustules rouges un peu partout, poursuit Simon en faisant une horrible grimace pour illustrer son propos.

— Moi, je serai une sorcière, affirme Nadia. Et vous ne savez pas ? Ma tante, celle qui est maquilleuse à la télévision, elle va me faire un vrai maquillage comme dans les films !

— Moi, je me déguise en Dracula, conclut Philippe. J'ai déjà ma cape, mon chapeau haut de forme et mes dents de vampire. J'ai l'intention de mordre tout le monde !

— Merci de nous prévenir, dit Nadia.

4ᵉ PARTIE Se tournant enfin vers moi, elle me demande :

Et toi, Élodie, en quoi vas-tu te déguiser ?

J'aurais dû prévoir sa question, car Nadia essaie toujours de m'inclure dans le groupe. Seulement, je suis prise au dépourvu. Je me mets à balbutier :

— Heu… heu… j'ai pensé à… mais je ne sais pas si…

Moqueur, Philippe répète :

— Heu… heu… je ne sais pas si… Laisse-la donc, Nadia ; tu sais bien qu'Élodie ne sait jamais ce qu'elle veut.

Les autres, sauf Nadia, se mettent à chantonner.

— Élodie, l'étourdie… Élodie, l'étourdie…

Ah ! que je déteste mon prénom ! Pourquoi mes parents ne m'ont-ils pas appelée Catherine, ou Ariane, ou Mélissa au lieu de me donner le nom de mon arrière-grand-mère ?

Nadia veut intervenir quand la cloche vient mettre fin aux bavardages. Tête basse, je suis les autres en me demandant :

« Pourquoi n'ai-je pas répondu à la question de Nadia ? Je sais pourtant en quoi je veux me déguiser, même si mon costume n'est pas encore acheté. C'est toujours pareil : quand j'essaie de dire des choses intelligentes, on dirait que les mots se bousculent dans ma gorge et qu'ils n'arrivent pas à en sortir… »

MAJOR, Henriette. *Fantôme d'un soir*, Saint-Lambert, © Soulières éditeur, 1998 (Coll. Ma petite vache a mal aux pattes).

FRELONS

Fiche de lecture 13

GUÊPES

ABEILLES

TAONS

GUÊPES-FRELONS

Pas de panique, pas de piqûre !

Si une guêpe ou une abeille virevolte autour de toi, garde ton calme et surtout, reste immobile. Elle finira par partir toute seule. Il se peut toutefois qu'elle décide de se poser sur toi : chasse-la tout doucement. Ne la frappe pas, elle se sentirait menacée et risquerait de te piquer.

La plupart du temps, les abeilles vivent dans les souches ou les creux d'arbres. Les guêpes et les taons, quant à eux, préfèrent bâtir leur nid contre un mur. Les frelons habitent un essaim de papier rond suspendu à une branche. Enfin, les guêpes-frelons nichent dans la terre.

L'abeille
butine.

Pour quelle raison les abeilles et les guêpes piquent-elles?

Les abeilles et les guêpes sont des insectes sociaux : elles vivent en groupe. Quand elles piquent, c'est pour se protéger ou défendre tout l'essaim. Certaines espèces de guêpes peuvent neutraliser d'autres insectes à l'aide de leur dard. Elles nourrissent ensuite leurs larves avec ces proies.

Les guêpes
grimpent au nid.

Un truc pour éviter les piqûres de tiques

Sais-tu qu'une piqûre de tique peut te rendre malade? On retrouve ces petites bestioles dans l'herbe haute, les prés et les bois. Si tu te promènes à ces endroits, porte des manches longues et un pantalon pour te protéger des tiques.

Conseils pour les parents

Consultez au plus vite un médecin si votre enfant, à la suite d'une piqûre, éprouve des douleurs ou de la difficulté à respirer. Ces symptômes annoncent parfois une réaction allergique. Les tiques peuvent transmettre une maladie infectieuse qui se manifeste par des rougeurs autour de la piqûre et les symptômes de la grippe. Les tiques de chien portent le virus de la fièvre des Rocheuses. Celle-ci cause à ceux qui l'attrapent la migraine, une forte fièvre, de la douleur et des rougeurs aux extrémités. Par prévention, vérifiez si vos enfants et vos animaux ont des tiques lorsqu'ils reviennent des bois.

Les maladies que tu n'attraperas jamais

Fiche de lecture 14

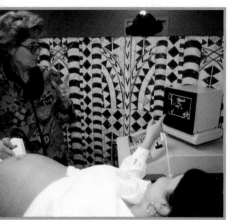

Tu as beaucoup de chance de vivre au 20e siècle dans un pays développé. Ici, tout est prévu pour te maintenir en bonne santé. Avant même ta naissance, on a surveillé ta croissance dans le ventre de ta maman. Dès que tu es né, on t'a vacciné contre plusieurs maladies. Au moindre problème, on te conduit chez le médecin.

Les choses auraient été bien différentes si tu étais né par exemple au Moyen Âge. À cette époque, beaucoup de bébés mouraient à la naissance, ou dans les premiers mois de leur vie, d'infections que l'on ne savait pas soigner. L'hygiène n'existait pas, et des épidémies terribles tuaient des milliers de personnes. Ainsi, au 14e siècle, la peste, appelée la Mort noire, a décimé le tiers de la population en Europe. Ces maladies d'autrefois (peste, choléra, lèpre) ont pratiquement disparu en Occident grâce à l'hygiène et aux progrès de la médecine. L'amélioration de la nourriture a fait reculer le scorbut, le béribéri et le rachitisme, maladies dues à un manque de vitamines.

La rage de vaincre !

Au 19e siècle, Louis Pasteur (1822-1895) met au point le vaccin contre la rage. Le principe de tout vaccin, c'est d'injecter des fragments de microbes que l'on a rendus inoffensifs.

Mais le corps les prend pour des intrus dangereux, et se dépêche de fabriquer des défenses. Comme ça, si après on rencontre les vrais microbes, ils ne peuvent plus rien contre nous.

Plus tard, l'Anglais Alexander Fleming (1881-1955) a découvert qu'un champignon microscopique, le *Penicillium notatum*, était capable de détruire de nombreux microbes. Ainsi sont nés les antibiotiques, qui ont permis de guérir des maladies très graves comme la tuberculose ou la syphilis, ou plus bénignes comme la bronchite et l'angine.

Mais toutes ces maladies existent encore dans les pays pauvres, où les conditions de vie sont restées très difficiles et l'hygiène souvent insuffisante. Les maladies peuvent s'y transmettre par l'eau, qui n'est pas désinfectée comme celle qui coule de nos robinets. Des épidémies de choléra surviennent régulièrement, par exemple lorsque beaucoup de personnes, fuyant leur pays à cause d'un danger ou de la misère, trouvent refuge dans des camps mal équipés pour les accueillir toutes. La lèpre touche des milliers de personnes en Afrique. Encore trop de pays n'ont pas les moyens nécessaires pour soigner correctement tous les malades.

Conseil

Les microbes adorent les mains sales ! Après être allé aux toilettes, avant de manger, il faut se laver soigneusement les mains à l'eau et au savon.

GRILLOT, Marie-Françoise. *Tant qu'on a la santé !* Tournai, © Casterman S.A, 1995.

Les maladies de tous les jours

Fiche de lecture 15

Atchoum! Tu as déjà été enrhumé. Ce n'est pas bien grave, mais c'est embêtant d'avoir le nez qui coule. Patience, un rhume disparaît généralement en quelques jours. Les angines, elles, sont plus douloureuses : on a de la fièvre et très mal à la gorge. Le médecin va te soigner avec des antibiotiques, car il y a une infection dans les amygdales qui sont au fond de ta bouche.

D'ailleurs, si tu regardes ta gorge, tu les vois bien, car elles sont très rouges, parfois avec des points blancs. Si tu as souvent des angines, il faudra peut-être t'opérer pour enlever les amygdales. Mais console-toi : après tu pourras manger plein de glaces, pour cicatriser plus vite.

Si tu as la grippe, c'est encore à cause d'un virus. Très malin, il change d'aspect chaque année! Dans ce cas, une seule envie et un seul remède : rester au chaud et se reposer.

Enfin, tu as peut-être entendu parler du ver solitaire? Il se cache dans le ventre, souvent parce qu'on a mangé de la viande pas assez cuite. On retrouve alors des anneaux blancs qui bougent dans les selles… Il y a aussi de tout petits vers, les oxyures, qui vivent dans l'intestin et qui, parfois, te démangent le derrière. Pas de panique, le médecin te prescrira un médicament très efficace pour t'en débarrasser.

La guerre des poux

Les poux sont de toutes petites bêtes qui vivent dans les cheveux. Les mamans poux pondent des œufs, les lentes, qui se collent sur les cheveux grâce à six pattes pleines de crochets. Pour se nourrir, les poux pompent du sang sur le cuir chevelu, et ça gratte beaucoup. Si on ne fait rien, ils se multiplient très vite.

Les mères et les maîtresses d'école n'aiment pas les familles de poux. Elles ne seront satisfaites que lorsque le dernier pou aura rendu l'âme.

Pour cela, tous les moyens sont bons : shampooings, poudres insecticides, lotions. Le mieux, mais aussi le plus désagréable, c'est le peigne fin qu'il faut passer mèche par mèche pour piéger les bestioles.

Conseil

Si la tête te gratte, demande à ta maman de regarder si tu as des poux.

Il faut de bons yeux ! Évite, à l'école, d'emprunter les bonnets, serre-têtes ou même les casques de baladeurs, car les poux aiment bien changer de tête...

Les maladies infantiles

Il existe des maladies qu'on n'attrape qu'une fois dans sa vie, et en général quand on est petit. Peut-être en connais-tu déjà ?

Les oreillons

Les oreillons, c'est une maladie qui fait très mal. Un virus attaque les glandes salivaires, et on gonfle sous la mâchoire. Rien à voir avec les oreilles ! Aujourd'hui, il existe des vaccins contre plusieurs maladies qui touchaient autrefois tous les enfants. Le ROR, c'est trois vaccins en une seule piqûre : contre la Rougeole, les Oreillons, la Rubéole.

La rougeole

Un virus couve pendant 15 jours dans le corps, avant de provoquer une forte fièvre, une toux rauque et une humeur… de chien. Puis, des petits boutons rouges apparaissent, des oreilles jusqu'aux pieds. Ils s'en iront peu à peu, avec la fièvre et la fatigue.

La varicelle

Un jour, Marion est arrivée couverte de drôles de petits boutons qui ressemblaient à des gouttes d'eau. Et ça démangeait fort !
La varicelle, due à un virus qui se développe en cachette pendant 14 ou 21 jours, dure deux semaines environ et passe toute seule. On ne l'attrape qu'une fois dans sa vie. Il ne faut surtout pas se gratter, sinon ça laisse des marques sur la peau.

La rubéole

La rubéole se manifeste par de la fièvre et quelques boutons. Elle est surtout dangereuse pour le développement des bébés si la maman enceinte l'attrape. Il faut tout de suite prévenir quand une épidémie de rubéole se déclare.

devinette

La coqueluche, c'est :

❶ Une peluche en forme de coq ;

❷ Une maladie des enfants ;

❸ Une façon de cuire un œuf.

Réponse : C'est une maladie infantile contagieuse qui fait beaucoup tousser. Mais il existe un vaccin efficace contre la coqueluche.

GRILLOT, Marie-Françoise. *Tant qu'on a la santé !* Tournai, © Casterman S.A, 1995.

ALBUM DOCUMENTAIRE

Petits ennuis

Le bleu

Lorsque la peau reçoit un coup, elle devient bleue. C'est une *ecchymose*. Comme un manteau doublé, le peau a deux épaisseurs. Sur le dessus, un tissu fin et imperméable; dessous, un tissu plus épais, comme un capitonnage élastique. Le tissu de dessous est traversé par de très nombreux vaisseaux de sang. Quand les vaisseaux sont écrasés par un coup, ils laissent échapper le sang qui s'étale entre le tissu du dessus et celui du dessous. Très vite, le sang change de couleur parce qu'il s'abîme. Sous la peau, le sang qui a continué à couler s'est créé un nouveau chemin.

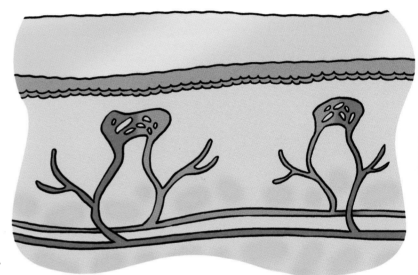

L'ampoule

Tu as une ampoule. Le frottement de la chaussure neuve sur le talon a provoqué une brûlure de la peau superficielle. Elle est d'abord devenue rouge, irritée; puis blanche. Des cellules ont été détruites. Dessous, un liquide transparent est apparu. Sous la peau superficielle se trouve un deuxième tissu, plus épais. Les cellules de la peau superficielle se sont reproduites pour remplacer celles qui avaient été détruites. Et peu à peu, elles ont recouvert le tissu plus profond de la peau. Le liquide a disparu, la peau morte s'est détachée. Plus de trace de la blessure.

La bosse

Tu t'es cogné! Maintenant tu as une bosse! Une bosse, c'est un petit *hématome*. Contrairement au «bleu» qui s'étale sous la peau superficielle, l'hématome atteint les tissus profonds de la peau. Ceux-ci, à l'occasion d'un choc, s'écrasent contre un os. Des vaisseaux sont détruits. Le sang s'échappe dans les tissus qui se gonflent. Pour que la bosse cesse de grossir, on applique de la glace. Le froid sur la peau provoque un rétrécissement des vaisseaux. Le sang n'arrive plus qu'en petite quantité. Les tissus cessent de gonfler. Petit à petit le sang se fraye un autre chemin et tout rentre dans l'ordre.

Les yeux qui collent

Tes paupières sont collées. Tes yeux piquent, comme s'ils avaient reçu du sable. La peau, à l'intérieur de la paupière, s'appelle la *conjonctive.* Comme un tissu, elle protège tes yeux. Mais il peut arriver que des microbes parviennent à entrer sous la paupière. Aussitôt la peau rougit. Elle pique, elle fait mal. C'est une *conjonctivite.* À l'intérieur, des petits vaisseaux se sont élargis. Le sang arrive en plus grande quantité pour lutter contre cette invasion de microbes. Des cellules du sang les attaquent, les mangent et meurent à leur tour. De cette grosse bataille il ne reste qu'un liquide jaunâtre, c'est le pus. Il colle les paupières.

La toux

Tu tousses sans pouvoir t'arrêter. Quand l'air entre par le nez, les petits poils qui se trouvent dans les narines arrêtent les poussières. S'il entre par la bouche, il n'est pas nettoyé. De la fumée, des poussières peuvent se déposer sur les muqueuses (peaux de l'intérieur du corps). Elles s'irritent. Aussitôt, les nerfs tout proches en informent le cerveau. Celui-ci, en retour, donne l'ordre aux muscles de la respiration de travailler. Ils se resserrent puis se détendent brusquement, libérant l'air d'un coup. C'est la toux. Elle est très utile, elle chasse les envahisseurs.

Les oreilles bouchées

Au fond du trou de l'oreille, se trouve le *tympan.* C'est une fine peau tendue comme une peau de tambour sur une caisse creuse, la caisse du tympan. Une petite porte fermée sépare la caisse du tympan du circuit de la respiration. Lorsqu'on change d'altitude, la pression de l'air extérieur change. Pour déboucher les oreilles, on bâille, on avale sa salive ; la petite porte qui sépare le tympan du circuit de respiration s'ouvre, pour que la pression de l'air soit la même dans la caisse du tympan et à l'extérieur de l'oreille.

RUFFAULT, Charlotte.
Petits ennuis, Paris,
© Éditions Syros/HER,
1994 (Coll. les
petits carnets).

La liste des cadeaux

Fiche de lecture 17

Près du tableau, dans ma classe de quatrième année, il y a un gros panier d'épicerie, dont les petites roues grincent quand on le pousse. Je le sais parce que Claire, ma professeure, m'a chargée de le rouler jusque-là, bien en vue de tout le monde.

Le panier se trouve là depuis le début du mois de décembre.

Lentement, les élèves l'ont garni de denrées et de victuailles qu'ils ont rapportées de la maison.

Tous ont contribué à cette œuvre charitable pour permettre aux familles moins favorisées d'avoir quelque chose sur la table pour le réveillon de Noël.

Enfin, presque tous…

— Et toi, Patricia, qu'as-tu donné pour les pauvres ? me demande mon voisin de pupitre, Donald, de sa voix de petit canard qui mue.

— Euh… une boîte de céréales […]. Mais je l'ai oubliée chez moi. Je l'apporte demain.

Heureusement, mon prénom n'est pas Pinocchio ! On ne peut pas donner ce que l'on n'a pas…

J'ai fait mon effort en ramassant des bouteilles et des canettes vides.

Au dépanneur, la caissière m'a remis 1,25 $. J'ai pu acheter deux tablettes de chocolat […], une gâterie en forme de carrés que l'on peut partager.

J'en ai déposé une dans le panier de ma classe, sans que personne ne me voie. Ma contribution était modeste, mais faite de bon cœur.

L'autre tablette de chocolat, c'était pour Simon, mon petit frère adoré. Il a cinq ans. Il est très mignon. Ses beaux grands yeux noisette se sont illuminés quand je lui ai donné le chocolat. Il n'a pas pris le temps de le dévorer des yeux ; il l'a quasiment englouti d'un trait.

— Moi aussi, j'ai un cadeau pour toi, Ticia…

Il m'appelle comme ça depuis qu'il est tout petit.

Et il me tend les deux derniers carrés de sa tablette.

Je l'aime tellement Simon. C'est mon petit trésor. Nous vivons tous les deux avec maman, dans un petit logement. Mon père nous a quittés un peu après la naissance de Simon.

Ma mère ne travaille plus depuis que l'usine qui l'employait a fermé ses portes, il y a trois mois.

Un crayon de cire rouge à la main et une feuille devant lui, Simon me demande :

— Ticia, aide-moi à écrire ma liste de cadeaux pour le père Noël.

Maman a le regard triste. Elle touche délicatement la main de Simon.

BERGERON, Alain M. *L'arbre de joie,* Saint-Lambert, © Soulières éditeur, 1999 (Coll. Ma petite vache a mal aux pattes).

CONTE

Le géant bon à rien

Fiche de
lecture
18

Ce géant-là vivait dans une forêt sombre et profonde. Il n'avait vu personne depuis très, très longtemps, quand, un beau matin… il entendit une toute petite voix derrière la porte de sa maison.

— Hé, Oncle Tim !

Le géant ouvrit.

Je rêve, pensa-t-il en ne voyant personne. La petite voix retentit à nouveau.

— Hé, Oncle Tim !

Cette fois le géant se pencha et écarquilla les yeux. Il y avait là un tout petit garçon, pas plus haut que ses bottes de géant, qui d'une main suçait son pouce et de l'autre lui tendait une lettre.

Une bien grande lettre pour un si petit bonhomme.

Le géant lut ces mots :

Mon cher Tim,
Je te confie mon petit Robie pour les géantes vacances. J'ai du travail par-dessus la tête, ce qui fait beaucoup pour une géante. [...]
Ta soeur [...]

Tim le géant se gratta la tête.

Jamais, de toute sa vie, il ne s'était occupé d'un enfant.

À y réfléchir, il n'en avait même jamais vu. Et voilà qu'il y avait un enfant, là, devant lui, un tout petit enfant de géant…

— Entre donc, petit Robie, dit le géant.

Les jours passèrent.

Tim le géant était ravi d'avoir petit Robie dans sa maison.

Mais plus les jours passaient, plus le géant se grattait la tête. Une véritable maladie.

Pour tout vous dire, le géant n'en revenait pas, tout simplement. Il en avait pourtant vu de toutes les couleurs dans sa vie de géant, il en avait appris.

Il savait scier du bois, conduire une automobile, faire la cuisine, passer l'aspirateur… Et bien d'autres choses encore que chaque géant doit faire pour être un vrai géant.

Mais quand il regardait Robie, Tim le géant se grattait la tête.

Petit Robie savait faire des choses extraordinaires.
Petit Robie devait être extrêmement intelligent.
Et ce qu'il faisait lui paraissait diablement difficile.

Pourtant Tim le géant essayait. Il observait Robie et tentait, comme lui, de sucer son pouce. Mais rien à faire, il ne pouvait pas. Alors le géant demandait :

— Pourquoi suces-tu ton pouce, petit Robie ?

— C'est tellement bon, disait Robie, et puis je fais des rêves très agréables, sans même fermer les yeux.

Alors Tim le géant se fourrait le pouce dans la bouche, il essayait, essayait encore mais aucun rêve ne venait.

— Pouahhh ! finissait par faire le géant.

Son énorme pouce lui laissait un mauvais goût dans la bouche.
Un goût épouvantable…

« Je ne suis peut-être qu'un bon à rien », commençait à penser le géant.

Les mois passèrent. Et plus les mois passaient, plus Robie étonnait le géant…

Une nuit, alors que la maison dormait, petit Robie appela en criant.
Le géant accourut.

— J'ai fait un terrible cauchemar, dit Robie.

Le géant se gratta la tête, plus fort encore que d'habitude.

— Un cauchemar, demanda-t-il, mais comment fait-on ?

— C'est affreux, expliqua Robie, une sorcière vient dans ton rêve,
une sorcière toute griffue et crochue…

Elle s'approche de toi en ricanant et veut t'emporter.

Voilà ce qu'est un cauchemar, et cela fait si peur qu'on se réveille en sursaut.

« Que c'est étrange ! » se dit le géant.

Et quand il se recoucha, il ferma les yeux. Toute la nuit il essaya, mais pas une seule sorcière n'apparut dans ses rêves. Le matin venu, Tim le géant ne savait toujours pas ce qu'était un cauchemar. « Je suis un bon à rien », pensa-t-il.

Les années passaient mais rien n'y faisait. Tim le géant était incapable de faire ces choses extraordinaires que lui montrait petit Robie. Un soir, Robie rappela Oncle Tim avant de s'endormir.

— Oncle Tim, dit-il, j'ai très peur du noir, laisse la porte de ma chambre ouverte, que j'aie un peu de lumière.

— Peur du noir ? s'étonnait le géant qui se grattait la tête de plus en plus fort. Mais comment fais-tu ?

— C'est horrible, expliqua Robie.

Dans le noir, l'armoire se met à craquer, un monstre en sort doucement et se met à souffler et à respirer affreusement.

— Ah ! dit le géant.

Et la nuit même, une fois Robie endormi, le géant éteignit les lumières et attendit dans la maison sombre et silencieuse.

Il entendit seulement l'horloge sonner minuit, le robinet de la cuisine qui gouttait, le frigo qui ronronnait, les marches de l'escalier qui grinçaient.

Il attendit longtemps mais rien n'y fit.

Pas un objet, pas un meuble ne voulait se transformer en monstre.

« Je n'ai peur de rien », se dit le géant, désespéré.

Et ce matin-là, Tim le géant, qui n'avait pas beaucoup dormi, se leva de fort mauvaise humeur. Non, décidément, il n'était qu'un malheureux géant de rien du tout. Il n'arriverait jamais à connaître autant de choses que petit Robie.

Ces choses qu'il trouvait si merveilleuses, si étranges. Mélancolique, il observait par sa fenêtre petit Robie qui gambadait sur le chemin de la forêt.

FOUCHER, Thierry. « Le Géant Bon à Rien », *Les plus beaux contes de Tobbogan*, Toulouse, © Éditions Milan, 1999.

Le sommeil et ses secrets

Lorsque tu venais de naître, tu dormais presque tout le temps, le jour comme la nuit. Maintenant, ta vie est faite d'une succession de temps d'éveil et de sommeil, qui suivent le cycle du jour et de la nuit.

Le sommeil occupe environ le tiers de ta vie.

Tu aimes te lever lorsque le soleil commence à briller dans le ciel, au chant du coq. Puis tu vas à l'école, tu joues avec tes amis : ton corps et ton cerveau sont très actifs ! À la tombée du jour, tu ressens le besoin de t'allonger afin de dormir. Dans la brousse, les animaux vont boire au coucher du soleil.

La nuit, tandis que tu dors, la chouette, les chauves-souris, les souris partent en chasse. Ce sont des animaux nocturnes : ils dorment le jour.

Comment sens-tu que le sommeil vient ?

Ton cerveau t'envoie des signes. Tes muscles se relâchent et tu bâilles, ta bouche s'ouvre grand.

Tes idées s'embrouillent, tes yeux piquent. Les grandes personnes te disent : « Le marchand de sable va passer ! »

Pour t'endormir, tu t'allonges dans le calme, en prenant ta position préférée : chaque personne a la sienne. Serres-tu dans tes bras ton jouet favori ? Si tu as peur du noir, laisse près de toi une lampe en veilleuse. Autrefois, il y avait toujours une veilleuse près des enfants. Tu dois te sentir en sécurité pour ton voyage au pays du sommeil.

L'insomnie, c'est l'absence de sommeil.

Les étapes du sommeil

En enregistrant les ondes électriques émises par le cerveau, les savants ont pu connaître le sommeil. Celui-ci est formé de cycles qui durent chacun près de deux heures : tu en parcours quatre ou cinq en une nuit.

Chaque cycle comporte plusieurs étapes. Le sommeil est d'abord léger puis profond : tu dors sur tes deux oreilles ! Puis soudain des petits mouvements t'agitent. Tes yeux bougent sous tes paupières. Tu dors profondément et pourtant ton cerveau déborde d'activité : tu fais des rêves !

Le cycle se termine, un autre commence. Lorsque tu as assez dormi, tu te réveilles naturellement à la fin d'un cycle.

Pendant l'étape de sommeil profond, tu peux ronfler, parler tout haut. Certains enfants sont somnambules : ils se lèvent tout endormis.

Les rêves sont-ils toujours agréables ?

Parfois, les images qui surgissent dans tes rêves sont effrayantes. Elles te réveillent en sursaut, tu as le cœur battant. Tu dois te calmer avant de te rendormir. Ces mauvais rêves s'appellent des cauchemars.

Ils surviennent parfois lorsque tu as eu une émotion forte.

Le mystère des rêves

À toutes les époques, les hommes ont voulu comprendre le sens des images désordonnées et mystérieuses de leurs rêves.

Les Égyptiens et les Grecs de l'Antiquité pensaient que les rêves étaient des messages des dieux. Leurs devins les interprétaient.

Depuis, de nombreux livres ont paru pour tenter d'expliquer les rêves les plus courants.

Au siècle dernier, un médecin viennois, Sigmund Freud, voulut aussi comprendre le secret des rêves. Pour lui, le rêve vient de nous-mêmes et raconte sous une forme déguisée nos désirs secrets.

Si tu rêves que tu t'es cassé la jambe en sautant et que tu ne peux plus marcher jusqu'à l'école, tu exprimes peut-être la crainte d'un devoir oublié !

Nos pensées inconscientes, cachées en nous, vivent leur vie la nuit.

Le rêve, gardien du sommeil, déguise ces pensées.

Bès, génie égyptien, veillait sur les dormeurs.

Nous ne les reconnaissons plus tout à fait. Aussi, nous avons bien du mal à comprendre les rêves et nous les oublions facilement !

Hypnos, dieu grec du sommeil, était le fils de la Nuit.

Le sommeil n'est pas du temps perdu!

Il se passe beaucoup de choses pendant que tu dors : tu grandis, surtout au début de la nuit, tes ongles, tes cheveux poussent plus vite. [...]

La nuit porte conseil : tu trouves parfois dans ton sommeil la réponse à des questions. Si l'on t'empêchait de dormir, tu ne pourrais pas vivre. Et si l'on t'empêchait de rêver, tu deviendrais fou !

Chacun son rythme

Es-tu plutôt du soir, ou plutôt du matin ? As-tu besoin de beaucoup de sommeil ? Il y a des gros dormeurs et des petits dormeurs. Il faut trouver ton rythme, et ne pas dormir plus, ni moins, qu'il ne t'est nécessaire.

Les animaux dorment aussi.

Les oiseaux et les mammifères ont un sommeil semblable au nôtre. Comme nous, ils rêvent.

Comment dorment-ils ?

Le chat baille, tourne en rond pour trouver sa place et s'endort roulé en boule, aussi bien le jour que la nuit.

Le cheval ou la vache savent dormir debout mais se couchent lorsqu'ils rêvent. Les animaux sauvages qui craignent des ennemis ne dorment profondément que quelques minutes de suite.

La girafe dort moins de 10 minutes d'affilée. Les éléphants dorment 2 heures.

Les singes comme les oiseaux ont un long sommeil de plus de douze heures par jour. Certains oiseaux dorment en volant : le martinet plane très haut dans le ciel !

Les gorilles se font chaque soir un nid de feuillages pour dormir.

Ils dorment comme des marmottes !

Certains mammifères, comme la marmotte ou le loir, passent tout l'hiver dans un profond sommeil : ils hibernent.

L'ours se tapit au fond d'une caverne et dort en attendant le printemps.

Avant d'aller dormir

C'est l'heure de te coucher. Croque une pomme, bois un verre de lait ou une tisane de fleurs d'oranger, cela t'aidera à t'endormir. Prends un bain

chaud qui détendra ton corps. As-tu aussi tes compagnons de sommeil autour de toi ? Un verre d'eau posé sur ta table, une lampe de poche pour les petits tours nocturnes, ton ours en peluche pour un dernier câlin…

Et avant de partir pour le mystérieux voyage de la nuit, fais-toi raconter par quelqu'un que tu aimes une belle histoire, comme celle de la Belle au Bois Dormant. Tu t'endormiras confiant et heureux…

BECK, Martine. *Le sommeil et ses secrets*, Paris, © Éditions Gallimard, 1987 (Coll. Découverte Benjamin).

Les deux grains de riz

Fiche de
lecture
20

Ce matin, Petite Sœur Li a mis sur son dos un sac de toile brune.

Dans ce sac, se tiennent bien serrés tous les grains de riz que ses parents ont récoltés précieusement dans la plaine à côté du grand fleuve.

Et Petite Sœur Li est partie en courant, pour vendre ce riz au marché. [...]

À l'entrée de la forêt de bambous, Petite Sœur Li court toujours quand, soudain, un panda se présente devant elle :
— Petite Sœur Li, Petite Sœur Li, donne-moi du riz !

Moi, avec le riz, je combats les méchants.

Petite Sœur Li trouve formidable qu'un panda soit capable
de tant de courage !
Alors elle ouvre une nouvelle fois le sac de toile,
et c'est avec joie qu'elle offre une petite poignée de riz
à un panda si courageux.

Et le panda se sauve en lui disant merci.

Petite sœur Li court au milieu des bambous,
quand un singe l'interpelle :
— Petite Sœur Li, Petite Sœur Li, donne-moi du riz !
Moi, avec le riz, je fabrique des trésors.

Petite Sœur Li trouve incroyable
qu'un singe soit si doué.
Alors elle ouvre une nouvelle fois le sac de toile,
et c'est avec admiration qu'elle offre
une petite poignée de riz
à un singe aussi adroit.

Et le singe se sauve en lui disant merci.

Mais quand Petite Sœur Li traverse le pont,
le dragon du fleuve bondit en rugissant :
- Petite Sœur Li, Petite Sœur Li, donne-moi du riz ou je t'avale !

Petite Sœur Li a tellement peur du dragon qu'elle lui jette
une énorme poignée de riz pour qu'il la laisse tranquille.
Mais le dragon ne dit pas merci.
Vraiment pas du tout.
Au contraire, il se fâche de plus belle, et il rugit :
— Petite Sœur Li, tu te moques de moi !
Une poignée ne suffit pas, je veux tout ton riz ! Donne-le moi !
— Ah non, répond Petite Sœur Li, tu exagères !
Ce riz, je dois le vendre au marché.

Et Petite Sœur Li court de l'autre côté du pont.
Le dragon est furieux.
Il se dresse pour cracher sa colère contre Petite Sœur Li.
Il lance des serpents de flammes
qui transforment le ciel en brasier.
Il avale l'eau du fleuve
et la recrache pour noyer Petite Sœur Li.

L'eau du fleuve monte aux pieds de Petite Sœur Li,
à ses mollets, à sa taille.

Petite Sœur Li est secouée par le courant.
Elle essaie de nager,
elle lutte pour ne pas se noyer.
Mais, hélas, son sac se déchire
et les grains de riz sont emportés
par l'eau en furie.

Petite Sœur Li s'agrippe à une branche de bambou.
Petite Sœur Li a froid,
Petite Sœur Li a peur,
Petite Sœur Li a tout perdu. Enfin… c'est ce qu'elle croit. [...]

Mais le panda surgit, à travers des branches de bambous :
— Petite Sœur Li, Petite Sœur Li,
pour toi j'ai gardé un grain de riz.

Vite, il le lance dans la gueule
du dragon en chantant :
*Petit grain de riz, sauve Petite
Sœur Li du méchant dragon !*

Aussitôt, le grain de riz
devient long et piquant. Il se
transforme en une immense
épine, qui fonce comme une
flèche et vient se planter
dans la gorge du monstre.

Et voilà le dragon qui baille et s'endort.
Il se couche au fond du fleuve,
Et toute l'eau le suit et rentre dans son lit.

Petite Sœur Li [...] court chez elle pour voir si ses parents
n'ont pas été emportés par l'eau du fleuve.
Quand elle les aperçoit, bien vivants
sur le seuil de leur maison,
le cœur de Petite Sœur Li se soulève de joie.

Hélas, Petite Sœur Li n'a ni riz ni argent!
Elle a peur de se faire gronder
car elle revient les mains vides.
Elle a tout perdu! Enfin... c'est ce qu'elle croit.
Mais le singe saute autour d'elle:
— Petite Sœur Li, Petite Sœur Li, moi aussi,
pour toi j'ai gardé un grain de riz.

Et il le tend à Petite Sœur Li, en chantant:
Petit grain de riz, transforme-toi en trésor pour Petite Sœur Li!

À peine le grain de riz est-il dans les mains de Petite Sœur Li,
qu'il devient d'un bleu profond et se met à briller.
Il se transforme en un énorme saphir.

Alors Petite Sœur Li court offrir cette pierre précieuse
à ses parents et se jeter dans leurs bras.
Quelle joie pour les parents de Petite Sœur Li
de retrouver leur fille!

BERTRON, Agnès (pour le texte) et Virginie SANCHEZ (pour les illustrations).
Les trois grains de riz, Paris, © Père Castor Flammarion, 2002.

Lune après lune

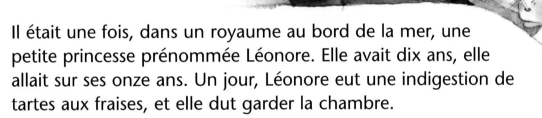

Il était une fois, dans un royaume au bord de la mer, une petite princesse prénommée Léonore. Elle avait dix ans, elle allait sur ses onze ans. Un jour, Léonore eut une indigestion de tartes aux fraises, et elle dut garder la chambre.

Le médecin de la cour se rendit à son chevet ; il prit sa température, puis son pouls, et il examina sa langue. Le médecin de la cour était inquiet. Il envoya chercher le roi, le père de Léonore, et le roi se rendit au chevet de Léonore.

« Je comblerai tous les désirs de ton cœur, dit le roi. Ton cœur n'a-t-il pas quelque désir ? »

« Si, dit la princesse, je veux la lune. Si j'obtiens la lune, je recouvrerai la santé. »

Le roi était entouré de nombreux sages qui pouvaient à chaque instant lui procurer ce qu'il désirait, alors il promit à sa fille qu'elle aurait bientôt la lune. Il alla ensuite dans la salle du trône, il tira sur le cordon d'une cloche trois fois longuement, puis donna un petit coup bref, et le grand chambellan entra dans la pièce.

Le grand chambellan était un homme de forte corpulence qui portait de grosses lunettes, et ses yeux paraissaient deux fois plus grands qu'ils n'étaient en réalité. C'est ainsi que le grand chambellan paraissait deux fois plus sage qu'il n'était en réalité.

« Je veux que tu m'apportes la lune, dit le roi. La princesse Léonore veut la lune. Si elle l'obtient, elle recouvrera la santé. »

« La lune ? » s'écria le grand chambellan, les yeux écarquillés. Et il parut alors quatre fois plus sage qu'il n'était en réalité.

« Oui, la lune, dit le roi. L-U-N-E, lune. Apporte-la-moi ce soir, demain au plus tard. »

Le grand chambellan épongea son front avec un mouchoir, puis il se moucha bruyamment. « J'ai déniché un grand nombre de choses, pour vous servir, Votre Majesté, dit-il. Il se trouve que j'ai justement sur moi la liste de tout ce que j'ai déniché, pour vous servir. » Il tira de sa poche un long rouleau de parchemin.

« Voyons voir. » Il jeta son regard sur la liste en fronçant les sourcils.
« De l'ivoire, des singes, des paons, des rubis, des opales et des émeraudes, des orchidées noires, des éléphants roses et des caniches bleus, des scarabées, des doryphores et des mouches fossilisées, des langues de colibri, des plumes d'ange et des cornes de licorne, des géants, des nains et des sirènes, de l'encens, de l'ambre gris et de la myrrhe, des troubadours, des ménestrels, des danseuses du ventre, une livre de beurre, deux douzaines d'œufs et un kilo de sucre, oh, pardon, c'est ma femme qui a ajouté cela. »

« Je ne me souviens d'aucun caniche bleu », dit le roi.

« Ils figurent pourtant bien sur ma liste, et ils ont même été pointés, dit le grand chambellan. Il y a forcément eu des caniches bleus. Vous avez simplement oublié. »

« Laissons tomber les caniches bleus, dit le roi. Ce que je veux maintenant, c'est la lune. »

« Je suis allé jusqu'à Samarkand, jusqu'en Arabie, et jusqu'à Zanzibar pour satisfaire vos désirs, Votre Majesté, dit le grand chambellan, mais la lune, jamais de la vie. Elle est à 56 000 kilomètres et elle est plus grande que la chambre de la princesse. En outre, la lune est faite de cuivre en fusion. Je ne peux pas vous apporter la lune. Des caniches bleus, oui, la lune, non. »

THURBER, James (pour le texte) et Marc SIMONT (pour les illustrations). *Lune après lune,* Paris, © Éditions Kaléidoscope, Harcourt Brace Jovanovich, Agence Lapautre junior, 1992.

Le Village aux Infinis Sourires

Le Village aux Infinis Sourires ressemblait à une île très peuplée posée sur une mer de champs moutonneux. Cet isolement convenait parfaitement aux villageois. Le sol leur procurait la nourriture dont ils avaient besoin, le troc leur permettait d'obtenir les rares biens qu'ils ne pouvaient produire eux-mêmes, et les nouvelles du monde leur parvenaient par la bouche des voyageurs de passage. Ils cultivaient allégrement le sol au rythme que leur imposait la Terre dans son voyage annuel autour du Soleil. Ils arrivaient toujours à payer la taxe sur le riz, et il leur restait encore de quoi vivre confortablement. Impossible pour eux d'imaginer qu'on puisse quitter volontairement le Village aux Infinis Sourires.

Grand-père reçut le message un mardi après-midi, au milieu du printemps. Un marchand de tissus ambulant le lui avait livré pour deux pièces de cuivre. Les oiseaux chantaient dans les arbres, et de minuscules pousses vertes perçaient la terre un peu partout. L'air était doux et chargé de vie. Des porcelets du printemps poussaient des cris aigus dans les enclos derrière les maisons ; çà et là, des canards et des poulets picoraient des graines et des insectes. Le monde était neuf, vert et délicieux. Qu'aurait-on pu demander de mieux ?

La nouvelle fit vite le tour du village, causant tout un émoi. En effet, c'était le premier message écrit qu'un villageois eût reçu depuis plus de trois ans. Et, comme le message précédent avait été porteur de mauvaises nouvelles, on craignait que ce nouveau contact avec le monde extérieur n'augure rien de bon.

Grand-père comprenait à quel point ce bout de papier plié en trois était important pour le village tout entier. Il attendit patiemment que tous les villageois soient rassemblés dans la cour. Puis, avec l'ongle de son pouce gauche, il décolla posément le sceau de cire d'abeille qui cachetait la missive. Il déplia ensuite soigneusement le bout de papier et l'approcha de son visage. Ses yeux usés mirent un moment avant de distinguer nettement les caractères tracés avec art. Remuant les lèvres en silence, il déchiffra laborieusement le message.

« C'est un message de mon vieux Maître, qui est aussi un ami très cher. C'est lui qui m'a pris comme élève et qui m'a enseigné

à lire et à écrire. C'est lui aussi qui m'a transmis la sagesse des anciens. À ses côtés, j'ai voyagé un peu partout en Asie. Enfin, après quatre ans en sa compagnie, quand est venu pour moi le temps de décider si je retournerais chez moi ou si je continuerais à étudier, c'est lui qui m'a conseillé de revenir dans mon village, auprès de mes chers parents, qui nous ont quittés il y a déjà longtemps. Et voilà que mon Maître a dépensé de précieuses pièces de cuivre pour m'inviter à venir le voir en ville, afin que nous discutions une fois de plus du sens de nos vies et d'autres sujets d'importance.

— Mais, Grand-père, s'exclama un voisin d'une voix incrédule, vous savez que la ville est fort éloignée de notre village. Il faudrait au moins quatre jours à un jeune homme pour marcher jusque-là. Et, avec tout le respect que je vous dois, honorable Grand-père, il y a bien longtemps qu'on ne vous a pris pour un jeune homme.

— La distance n'a aucune importance, répliqua Grand-père. Mon vieil ami, qui fut aussi mon Maître, me demande d'aller le voir. Il est évident que je dois m'y rendre. Toute distance s'abolira quand je songerai aux merveilleuses discussions à venir. Quant à mon âge… Je suis vieux, bien sûr, mais j'ai veillé à préserver mon énergie justement pour ce genre d'aventure. Comment pourrais-je refuser une occasion pareille?

BAKER, Barrie (pour le texte) et
Stéphane JORISCH (pour les illustrations).
Le Village aux Infinis Sourires et autres histoires,
Laval, © Les 400 coups. Traduction
de Michèle Marineau, 1999
(Coll. Les grands albums).

Fiche de
lecture
23

Charlotte porte-bonheur

Je vais vous raconter une histoire gorgée d'été qu'une nuit d'hiver m'a confiée dans mon sommeil. À ce jour, j'ignore toujours si elle est vraie ou si c'était simplement une chimère d'étoiles venue me réchauffer cette nuit-là, à Montréal, où il faisait si froid.

Quelque part sur la Terre existait un pays qui ne connaissait pas la neige. Les saisons y défilaient d'une tout autre manière que celle dont nous sommes témoins chaque année. Évidemment, il y avait un printemps, un été, un automne et un hiver. Mais le Soleil brillait si fort dans ce coin de la Terre que l'on ressentait toujours sa chaleur malgré le vent et le temps des pluies.

Cependant, il laissait parfois sa place aux nuages. Il avait compris, depuis bien longtemps déjà, que l'on ne peut brusquer la nature ; qu'en voulant trop faire pousser les fleurs et les fruits, il risquait de les brûler à force de trop les éclairer.

Enfin, il avait compris que la vie ne pouvait exister que dans un parfait équilibre et que ses rayons n'étaient bénéfiques que s'il y avait des gouttes de pluie et des clairs de lune pour rafraîchir la terre de temps à autre.

Avec le temps, il avait délaissé les villes. Les gens qui y habitaient semblaient bien trop bousculés par toutes sortes d'activités pressantes pour prendre le

temps de remarquer sa présence. Ainsi, il leur avait préféré certains lieux plus accueillants, dont une petite vallée du Sud où il faisait bon vivre.

Bien sûr, il devait toujours réchauffer la planète, mais comme la Terre tournait sans cesse autour de lui, il avait réalisé que s'il était heureux, ses rayons pouvaient éclairer partout où c'était nécessaire sans qu'il ait jamais à se déplacer.

Le Soleil veillait ainsi sur la vallée qui, pour sa part, gardait bien des secrets. En effet, malgré ses allures paisibles, elle était habitée par une vie abondante et active. Et, en y regardant de plus près, on pouvait découvrir un grand mouvement constitué d'innombrables petites occupations. Les abeilles butinaient, les fourmis travailleuses amassaient des provisions pour leurs nids ; même les fruits, qui semblaient prendre une éternité à pousser, étaient en mouvement. De même, en tendant attentivement l'oreille, on pouvait déceler derrière les mélodies des oiseaux et le chant des criquets un silence plein des richesses de la nature.

Dans cette vallée, le Soleil avait fait la connaissance d'une coccinelle prénommée Charlotte et la petite, par son innocence et sa spontanéité, était vite devenue sa plus chère complice.

Charlotte avait une façon très rafraîchissante de dire tout ce qui lui passait par la tête.

Elle ne connaissait pas ce besoin si commun de vouloir dire les bonnes choses au bon moment pour être apprécié ou obtenir ce que l'on désire. Le Soleil, qui au fil des ans avait rencontré tant de gens compliqués, retrouvait avec Charlotte l'envie de croire que l'on pouvait être soi-même, tout simplement.

Pour sa part, la coccinelle ne se privait jamais de l'informer s'il faisait trop chaud ou s'il se levait trop tard, ce qui provoquait le sourire du Soleil. Ainsi, l'astre, très populaire et connu partout dans le monde, fixait-il une grande partie de son attention au-dessus du petit champ de patates où habitait Charlotte.

Il ignorait cependant que, malgré son enthousiasme et ses éclats de rire si contagieux, Charlotte n'était pas tout à fait heureuse dans la vallée.

C'est pour cette raison qu'un beau matin, alors que le vent faisait valser les hirondelles sous les chauds rayons du Soleil, Charlotte fut prise d'une intense colère qu'elle ne put contenir. Elle lança alors un cri et toute la nature s'immobilisa.

— Aaah !

Le Soleil s'adressa subitement à la coccinelle.

— Charlotte, tu t'es blessée ?

— Non !

Elle cria de nouveau.

— Mais pourquoi cries-tu comme ça ? demanda le Soleil.

— Parce que ça me fait du bien ! Aaah !

— Mais arrête !

— Pourquoi ? Toi tu as bien le droit de faire tout ce que tu veux.

— Ai-je fait quelque chose qui te déplaît ?

— Oui. Non, ce n'est pas ça. Ah ! et puis tu ne pourrais pas comprendre.

— Je te promets d'essayer. Qu'y a-t-il, Charlotte ?

— Il y a, cher Soleil, que les oiseaux peuvent voler autour des champs, que les grenouilles peuvent bondir, que les abeilles savent faire du miel en butinant de fleur en fleur. Ces chères fleurs si belles qui sentent si bon et que vous regardez tous avec un air de citrouille. Toi le premier !

— Mais…

— Et que toi, tu as voyagé et que tu es aimé partout où tu passes et que tout le monde parle toujours de toi : « Oh ! qu'il est beau le Soleil ! Je me demande quand le Soleil va revenir. » Et bla bla bla. Et que moi…

— Toi quoi ?

— Je suis née dans un champ de patates !

— Mais qu'est-ce que tu racontes ?

— Laisse tomber, tu ne peux pas comprendre.

Charlotte soupira et, trop orgueilleuse pour reconnaître sa colère, alla se coucher sous une brindille d'herbe verte.

Le Soleil tenta en vain de faire sortir de l'ombre la petite coccinelle et réalisa qu'il valait peut-être mieux la laisser seule.

Quand le soir arriva, il alla se coucher un peu inquiet du comportement de Charlotte, mais tomba bientôt dans un sommeil profond. Il avait quand même passé la journée à réchauffer toute une planète.

Le lendemain, au réveil, il alla comme à l'habitude chatouiller de l'un de ses rayons les petites pattes de Charlotte.

— Réveille-toi !

Charlotte, qui ne dormait pas, lui répondit entre deux sanglots :

— Arrête, je n'ai pas le cœur à rire.

— Mais tu pleures, Charlotte ?

— Non, je ne pleure pas.

Il y eut un long silence avant que le Soleil ne dise à Charlotte :

— Comme tu es triste, ma petite !

— Soleil, j'attendais ton réveil pour t'annoncer mon départ.

— Ton départ ? Mais où vas-tu ?

— Je ne sais pas, mais je dois partir d'ici. J'ai envie de savoir si une vie merveilleuse ne m'attend pas au bout de ce champ de patates. Il paraît qu'il existe quelque part des villes pleines de gens et de lumières et que l'on peut y réaliser tous ses rêves. Tu comprends, ici, je passe mon temps à observer ce que vous savez tous faire mieux que moi. Si je pars à la ville, je découvrirai peut-être ce que je peux faire moi aussi. [...]

D'une voix tendre, le Soleil lui répondit :

— Je comprends. [...]

Ainsi, Charlotte partit à la découverte du monde.

GRENON, Macha (pour le texte) et Geneviève DESPRÉS (pour les illustrations). *Charlotte porte-bonheur,* Montréal, © Éditions Alexandre Stanké, 1999.

CONTE

Le chat botté à New York

Fiche de
lecture
24

Iʳᵉ PARTIE Usé par le travail et la vieillesse, un épicier new-yorkais vint à mourir, ne laissant pour tout héritage à ses trois fils que sa petite épicerie, sa camionnette de livraison et son chat.

Le partage fut vite fait, car il n'y avait pas grand-chose à partager.

l'aîné eut l'épicerie,

le second récupéra la camionnette,

et le plus jeune dut se contenter du chat

Le pauvre garçon était complètement démoralisé.

— Mes frères pourront toujours se mettre ensemble pour travailler, ils s'en sortiront. Mais moi, lorsque j'aurai mangé mon chat et que je me serai fabriqué des gants avec sa fourrure, je n'aurai plus rien. Ce n'est pas avec un chat qu'on peut gagner sa vie !

Le matou, qui n'avait pas les oreilles dans sa poche, entendit ces mots. Il songea qu'il avait intérêt à réagir s'il ne voulait pas finir en civet.

— Avant de me transformer en chair à pâté, dit-il à son maître, donnez-moi un sac qui ferme avec un lacet et trouvez-moi de bonnes grosses bottes en cuir pour courir dans les ruelles sans m'abîmer les pattes. Vous verrez qu'un chat est moins bête qu'une camionnette, et vous ne le regretterez pas.

Le maître se dit que ça ne coûtait rien d'essayer. Si jamais le truc ne fonctionnait pas, il mangerait le chat comme il se l'était promis.

Il est vrai qu'il avait déjà vu celui-ci utiliser mille stratagèmes pour capturer des souris et des rats dans la remise de l'épicerie. Ainsi, il pouvait se pendre par les pieds comme une chauve-souris et fondre sur sa proie comme un aigle sur une poule égarée. Un jour, il s'était même déguisé en boîte de céréales et avait capturé deux gros mulots qui pensaient pouvoir déjeuner en paix dans les poubelles. C'était un sacré malin !

Lorsque le chat eut ses bottes, il se botta. Et lorsqu'il eut son sac, il grimpa sur un toit où venaient roucouler tous les pigeons des alentours. Il glissa du grain dans le sac, s'étendit comme s'il était mort et attendit qu'un jeune pigeon gourmand et naïf vienne se fourrer dedans pour tout picorer.

À peine fut-il couché qu'un pigeonneau tête en l'air entra dans le sac. Le chat tira sur le cordon, captura le jeune écervelé et le tua aussi sec. Paf!

Il fila alors à travers la ville pour rejoindre l'hôtel Majestic où séjournait le roi de Pétaouchnok. Il demanda à lui parler. On le fit monter dans la suite de Sa Majesté. Il s'inclina profondément devant le roi et lui dit:

— Sire, monsieur le marquis de Carabas (c'était le nom qu'il avait inventé pour son maître) m'a chargé de vous offrir ce pigeon nourri au grain. Bon appétit!

— C'est parfait: j'avais justement un petit creux! Tu remercieras ton maître, le marquis de Carpentras, répondit le roi.

— Carabas, messire, Carabas.

4ᵉ PARTIE Deux jours plus tard, le chat se cacha dans un terrain vague. Tenant toujours son sac ouvert, il attendit que deux lapins échappés d'un magasin d'animaux y soient entrés pour tirer le cordon et les attraper.

Il retourna chez le roi comme la première fois. Ce dernier fut ravi, car il avait un gros creux, et il lui offrit à boire un verre de petit-lait.

Le chat continua ainsi son manège pendant quinze jours, apportant toujours au roi du gibier de la part du marquis.

Un jour, apprenant par le portier de l'hôtel que le roi devait aller se promener avec sa fille, la plus belle princesse des Amériques, il courut chez son maître. […]

— Allez vous baigner sur la plage de Coney Island et laissez-moi agir. Si on vous demande votre nom, répondez que vous vous appelez le marquis de Carabas.

— Le marquis de Carapace ?

— Carabas, mon maître, Carabas.

Aussitôt dit, aussitôt fait. Le jeune homme plongea là où le chat le lui avait demandé, sans savoir à quoi tout cela rimait.

À peine fut-il dans l'eau que le roi passa près de là dans son carosse-limousine. Le chat se mit alors à crier de toutes ses forces.

— Au secours ! Monsieur le marquis de Carabas se noie ! À l'aide, quelqu'un ! Envoyez les hommes-grenouilles ! Appelez les pompiers ! Trouvez un maître nageur ! Au secours !

Le roi entendit le vacarme, regarda par la fenêtre et reconnut le chat qui lui avait apporté tout ce bon gibier dont il s'était régalé. Il ordonna aussitôt à ses gardes du corps d'aller secourir le marquis de Carabas.

Pendant qu'on aidait le marquis à sortir de l'eau, […] le roi appela son habilleuse, responsable de sa garde-robe.

— Allez vite chercher un de mes plus beaux habits pour le marquis de Quatre-pattes.

— Carabas, messire, Carabas!

Le jeune homme se retrouva vêtu d'un superbe costume à la mode de New York. Comme il était beau garçon et plutôt musclé, la fille du roi le trouva fort à son goût. Ils échangèrent des regards langoureux et quelques sottises, rougirent et tombèrent amoureux illico. Un peu comme dans les films.

6ᵉ PARTIE Le roi invita alors le marquis dans sa limousine […], histoire de continuer la promenade tous ensemble.

Dès que son maître fut monté, le chat courut devant. […]

Il rencontra ainsi des livreurs de pizza et leur dit :

— Braves gens qui livrez, si vous ne dites pas au roi que toutes ces pizzas appartiennent au marquis de Carabas, vous serez tous transformés en chair à saucisse. […]

Le roi arriva un moment après et voulut savoir à qui appartenaient toutes ces belles pizzas odorantes.

— C'est à monsieur le marquis de Macaréna! répondirent tous les livreurs en chœur.

Le roi fut impressionné et le fit savoir à son invité.

Le chat botté continuait à courir devant le carrosse, répétant la même chose à tous ceux qu'il rencontrait : vendeurs de cacahuètes, cordonniers, banquiers, chauffeurs de taxis jaunes, libraires…

Le roi était estomaqué par la fabuleuse richesse du marquis de Carabas, même s'il n'osait pas prononcer son nom, de peur de l'écorcher. […]

— Monsieur le marquis, vos biens sont considérables, votre nourriture est délicieuse, et ma fille m'a tout l'air de vous trouver épatant. Il n'en tient donc qu'à vous de devenir mon gendre, en l'épousant.

Le marquis accepta cet honneur et se maria le soir même avec la belle princesse de Pétaouchnok.

Le chat botté devint un grand seigneur new-yorkais. Il ne courut plus après les souris que pour s'amuser… et faire un peu fondre la graisse qui l'enrobait.

MAROIS, André (pour le texte) et Josée MASSE (pour les illustrations). *Le chat botté à New York*, Laval, © Les 400 coups, 2000 (Coll. Monstres, sorcières et autres fééries).

Fiche de
lecture
25

Le funambule

Un funambule
avait tendu son fil
du coin d'un gratte-ciel
à la pointe de la lune.

Un soir, le fil se rompit.
La funambule tomba sur une étoile filante.

Il travaille maintenant
dans une autre galaxie.

TIBO, Gilles. « Le funambule », *Autour de la lune*, Saint-Lambert, © Dominique et compagnie, 2002.

Le médecin

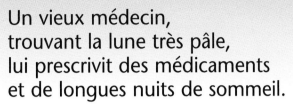

Un vieux médecin,
trouvant la lune très pâle,
lui prescrivit des médicaments
et de longues nuits de sommeil.

Depuis ce temps, chaque mois,
la lune disparaît
pour se reposer.

TIBO, Gilles. « Le médecin », *Autour de la lune*,
Saint-Lambert, © Dominique et compagnie, 2002.

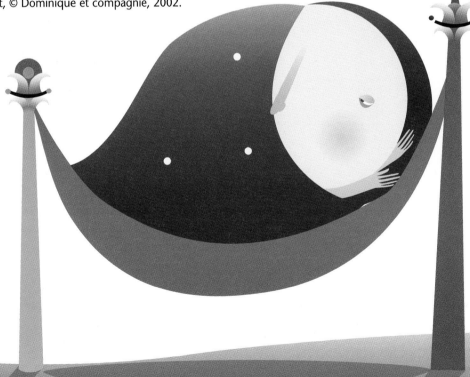

Le vieux sculpteur

Au fond de son atelier, le vieux sculpteur
venait de terminer le chef-d'œuvre de sa vie :
un disque d'une beauté parfaite, taillé à même
le marbre blanc.

Peinant et suant, le vieillard fit rouler son disque
jusqu'au sommet d'une montagne.

Lorsque la lune se leva, belle, ronde et lumineuse,
le vieux sculpteur, ébloui, comprit qu'il ne pouvait
défier la beauté du monde. Il abandonna son œuvre
sous la grande coupole des étoiles.

Depuis, chaque soir, des enfants grimpent sur le
disque de marbre en rêvant qu'ils marchent
sur la lune.

Les beaux métiers

Fiche de lecture
28

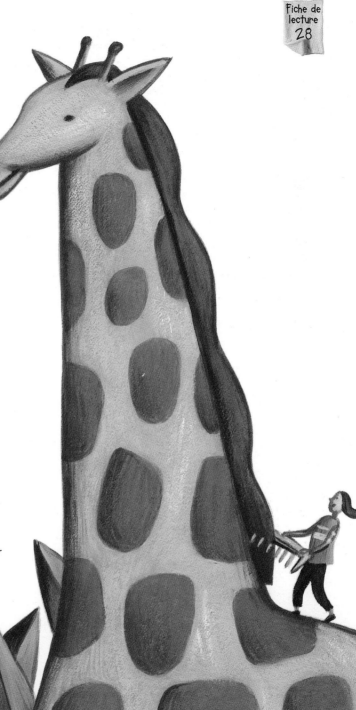

Certains veulent être marins,
D'autres ramasseurs de bruyère,
Explorateurs de souterrains,
Perceurs de trous dans le gruyère,

Cosmonautes, ou, pourquoi pas,
Goûteurs de tartes à la crème,
De chocolat et de babas :
Les beaux métiers sont ceux qu'on aime.

L'un veut nourrir un petit faon,
Apprendre aux singes l'orthographe,
Un autre bercer l'éléphant…
Moi, je veux peigner la girafe !

CHARPENTREAU, Jacques. « Les beaux métiers », *Poèmes pour peigner
la girafe*, Paris, © Gautier-Languereau/Hachette Livre, 1994.

Tendre facteur

Le papa de Lulu, monsieur Lucien, est facteur. C'est son métier d'apporter le courrier. Enfin, quand il n'est pas malade… Aujourd'hui monsieur Lucien se plaint :
— J'ai chaud et froid en même temps. J'ai mal à la tête mais aussi au bout des pieds !

Lulu enlève le thermomètre de la bouche de son papa :
— T'as un gros rhume, dit-il d'un ton très sérieux.

Lulu adore jouer au docteur. Son papa décroche le téléphone. Il dit qu'il ne pourra pas aller travailler ce matin.

Finalement, jouer au facteur ne lui déplairait pas non plus, à Lulu !

Maman est sortie par la porte de devant. Lulu est sorti par la porte du jardin. Sur son vélo, il file tout droit au bureau de poste. Il se glisse discrètement

derrière deux autres facteurs. Au guichet, une vieille dame myope
et un peu sourde remet à chacun le courrier à distribuer.

— À qui le tour ? demande-t-elle.

— À moi, dit Lulu devant le guichet trop haut pour lui.

La vieille dame essuie ses lunettes :

— Qui ça, moi ?

— Moi, Lulu !

La guichetière se frotte les oreilles et s'étonne :

— Lulu ? Vous, monsieur Lucien ? J'allais appeler
un remplaçant, je vous croyais malade !

— Je vais mieux maintenant, assure Lulu. Je peux avoir
le courrier à distribuer ?

Sur la pointe des pieds, les bras tendus, Lulu attrape
le sac de lettres que lui tend la vieille dame.

Sur son vélo, Lulu commence sa tournée, le sac
gonflé de courrier en bandoulière, la casquette
de son père en arrière. La première maison, c'est
celle de madame Amandine. Cette mamie aux
grands yeux doux et aux longs cheveux
d'argent attend sur le pas de sa porte le
passage du facteur. Lulu la connaît, son papa
lui a beaucoup parlé d'elle :

— Bonjour, facteur.

— Bonjour, madame Amandine.

— Vous êtes nouveau ? Vous remplacez monsieur Lucien ?

— Oh, juste aujourd'hui, il est malade. Tenez, regardez dans mon sac s'il y a du courrier pour vous.

Soigneusement, la tendre mamie vérifie les lettres une à une.

— Je n'ai jamais de courrier, dit-elle en retenant un sanglot.

Lulu voudrait bien la consoler. Chaque matin, son père a le cœur brisé de laisser cette charmante mamie sans lettre ni colis.

— De toute façon, je n'ai pas d'amis, pas de famille et jamais de visite, poursuit-elle. Je me demande bien qui pourrait avoir envie de m'écrire…

Madame Amandine sort son grand mouchoir et elle y cache son visage.

Lulu proteste :

— Comment ça pas d'amis ? Comment ça jamais de visite ? Tenez ! Prenez toutes ces lettres et tous ces paquets, et je vous promets que vous passerez la journée sans vous ennuyer.

Lulu est reparti en laissant Amandine et son courrier. Sur son petit vélo, la casquette en arrière, il fait le tour du quartier. Devant chaque maison où l'on guette le facteur, Lulu annonce la nouvelle en criant :

— Si vous voulez votre courrier, rendez-vous chez madame Amandine ! C'est elle qui a vos lettres, vos cartes et vos colis !

Toute la journée, la charmante mamie a reçu des visites. À chacun elle a remis ce qui lui revenait : une belle enveloppe, un télégramme, une bonne nouvelle, un gros colis, une carte d'anniversaire.

Et tous sont repartis après avoir goûté le thé d'Amandine. Les habitants du quartier ont promis à leur adorable voisine de revenir la voir de temps en temps, et même souvent.

— Où étais-tu passé ? demande monsieur Lucien à son fils. Ne profite pas du fait que je suis malade pour aller faire des bêtises !

Le sourire de Lulu lui remonte les oreilles presque au-dessus de la tête :

— Dors tranquille, Papa chéri. Ne te fais pas de souci, je m'occupe de tout !

CANTIN, Marc (pour le texte) et Charlotte ROEDERER
(pour les illustrations). « Tendre facteur »,
Les plus beaux contes de Toboggan,
Toulouse, © Éditions Milan, 1999.

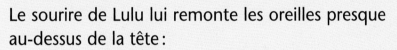

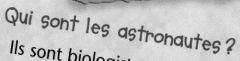

Voyager dans l'espace

Qui sont les astronautes ?

Ils sont biologistes, astronomes, géologues, médecins… Il y a aussi des militaires. L'entraînement dure 2 à 3 ans. Ils sont en excellente condition physique. Être astronaute et s'entraîner ne signifie pas qu'on ira dans l'espace. Avant le voyage, chaque astronaute a un remplaçant : il partira si le titulaire tombe malade.

Beaucoup de candidats et peu d'élus

Les astronautes passent de longues heures dans des centrifugeuses… infernales ! Ces engins simulent la pression qu'ils subiront pendant le décollage et l'atterrissage. À ces moments-là, ils auront l'impression de peser 300 kilos.

Entraînement en piscine…

Pour simuler l'impesanteur, les astronautes endossent un épais scaphandre, qui ralentit leurs gestes, et plongent au fond d'une grande piscine. Hélas, sous l'eau, l'impesanteur est mal imitée. L'avantage est qu'on peut y rester longtemps.

Être dans la lune, c'est penser à autre chose, être distrait ou inattentif.

...et dans un avion en piqué

Les vraies conditions d'impesanteur existent dans un avion qui plonge en piqué. À ce moment-là, on ne pèse plus rien. Tout flotte dans la carlingue comme dans un vaisseau en orbite. Mais cela ne dure que 20 secondes... car l'avion doit vite se redresser!

Apprendre à survivre

Quand la capsule spatiale revient sur Terre, elle peut atterrir loin de l'endroit prévu. Les astronautes doivent donc savoir se construire un abri, pêcher et chasser avec un matériel réduit en attendant qu'on vienne les récupérer.

La journée d'un astronaute

Gare aux miettes qui flottent dans la cabine! Les aliments sont toujours emballés : l'astronaute réchauffe de vrais plateaux-repas. Manger est un des rares plaisirs qui restent dans l'espace. Pour boire, une paille est indispensable. L'astronaute a besoin de 3 litres d'eau par jour. L'astronaute écoute aussi la radio, regarde la télévision, communique avec sa famille.

Faire de l'exercice pendant 2 heures par jour

Dans l'espace, les muscles s'affaiblissent et rétrécissent. L'astronaute court sur un tapis roulant et pédale sur une bicyclette. Il utilise aussi une machine à ramer.

Dormir à la belle étoile, c'est coucher dehors, sans toit, pas même une toile de tente !

Il observe aussi la Terre : à 100 kilomètres de haut, il aperçoit les contours des fleuves, le tracé des autoroutes, la Grande Muraille de Chine...

L'astronaute dort dans un sac de couchage à glissière fixé à la paroi ou dans une sorte de lit superposé. Il s'attache avec des courroies pour éviter que son corps ne flotte pendant son sommeil. Il met un bandeau pour protéger ses yeux de la lumière : le soleil apparaît toutes les 90 minutes. Il utilise aussi des bouchons d'oreille, à cause du bruit infernal des instruments et des liaisons radio de la cabine.

Un gant est indispensable pour se laver. La douche dans l'espace existe mais elle n'est pas très pratique. L'eau est ensuite évacuée dans le vide. Mais on songe à la recycler car elle est précieuse. Il y a aussi des WC ! Les déchets sont chassés avec de l'air comprimé et entreposés car ils reviendront sur Terre.

GRENIER, Christian. *Voyager dans l'espace*, Paris,
© Éditions Nathan/VUEF, 2002 (Coll. Superscope).

Avoir la tête dans les étoiles,
c'est avoir des projets un peu fous, envisager des choses impossibles.

Avoir les pieds sur terre,
c'est au contraire avoir le sens des réalités.

Une maîtresse complètement marteau

D'habitude, les maîtresses marchent très vite. Elles sont toujours pressées. Leurs talons font *klonk! klonk! klonk! klonk! klonk!* dans le corridor. Ce matin-là, c'était différent. Notre nouvelle maîtresse semblait prendre tout son temps. On entendait deux ou trois petits *clop, clop*. Puis, plus rien. Comme si la nouvelle maîtresse flânait dans le corridor au lieu de se dépêcher!

La classe était silencieuse. On aurait entendu un petit pois rouler sur le plancher. Nous mourions tous d'envie de voir enfin la tête de notre nouvelle maîtresse. Depuis une semaine, nous ne parlions que d'elle. Personne ne savait à quoi ressemblerait ce mystérieux personnage venu d'une autre ville. Notre ancienne maîtresse, Germaine Chaput, était enceinte. Elle nous avait quittés pour aller minoucher son gros bedon rond.

Soudain, la porte s'est ouverte et une vieille dame très grande et très maigre est apparue. Elle portait un chapeau étrange. Comme un chapeau de sorcière mais avec une petite bosse ronde au lieu d'un long bout pointu sur le dessus.

Sa robe, par contre, n'avait rien à voir avec les costumes de sorcières. C'était une sorte de robe de soirée à l'ancienne avec des rubans et de la dentelle, un peu fanée mais jolie quand même.

Et ce n'est pas tout. Notre nouvelle maîtresse n'avait pas des petits souliers à talons hauts comme les maîtresses. Elle portait de grosses bottes de cuir à semelle épaisse. Des bottes pour marcher en forêt, escalader des montagnes, aller au bout du monde… Pas des bottes pour aller à l'école en tout cas.

Nous avions tous les yeux grands comme des planètes et plusieurs avaient la bouche ouverte. Comme d'habitude, Mario Tremblay a parlé le premier.

— C'est pas une maîtresse, ça, c'est un épouvantail !

Il y a eu quelques gloussements. Puis, plus rien. Tous les regards étaient vissés sur notre nouvelle maîtresse. Elle avançait tranquillement vers la fenêtre, celle qui donne sur le petit bois où Mathieu Bérubé et Josée Lachance se donnent des becs en cachette. La nouvelle maîtresse a regardé dehors. Puis, elle a souri. Son sourire était joli. D'habitude, les nouvelles maîtresses se présentent. Elles disent : « Bonjour, les enfants, je suis Mme Lagalipotte. » Ou encore : « Salut, je m'appelle Nathalie. » Leur voix est douce ou criarde ; le ton, sévère ou enjoué. On devine déjà un peu à qui on a affaire. Mais notre nouvelle maîtresse ne disait rien. Elle s'est dirigée vers son bureau et c'est là que j'ai remarqué qu'elle n'avait même pas de sac avec des livres et tout. Cette drôle de maîtresse était venue à l'école les mains vides ! Nous, lorsqu'on oublie notre sac d'école, il faut aller chez le directeur, M. Cracpote, et expliquer pourquoi. C'est un peu compliqué parce que, lorsqu'on oublie, on oublie. C'est tout. Ça ne s'explique pas vraiment.

Notre grand céleri de maîtresse s'est finalement assise. Tout le monde a retenu son souffle. Nous allions enfin savoir si la nouvelle maîtresse était une maniaque d'arithmétique ou de dictée. Et si elle était du genre à faire des chichis pour des niaiseries.

Il y a des maîtresses qui perdent complètement la boule lorsque les mots courent dans tous les sens au lieu de se tenir bien droit sur les lignes dans nos cahiers. Il y en a d'autres qui paniquent au moindre bruit. Un pet de souris les réveillerait la nuit. Moi, j'avais surtout hâte de savoir si la nouvelle maîtresse aimait — un peu, beaucoup ou passionnément — coller des retenues. Parce qu'avec Germaine Chaput, disons que j'avais été gâtée.

Notre nouvelle maîtresse était bel et bien installée derrière son bureau, mais elle ne semblait pas pressée. Elle a défripé tranquillement le bas de sa robe puis, sans même nous regarder, elle soulevé très délicatement le large bord de son immense chapeau et elle a déposé celui-ci sur la table. Ses cheveux gris étaient ramassés en chignon. Elle était coiffée comme bien des vieilles dames mais, sur sa tête, il y avait un objet étrange. De la taille, disons, d'une clémentine, d'une balle de golf ou d'une grosse gomme casse-gueule. Plusieurs élèves se sont levés pour mieux voir et Philippe est carrément monté sur son pupitre. C'était un caillou. Une roche !

La nouvelle maîtresse l'a cueilli doucement, comme s'il s'agissait d'un objet très rare et très fragile. Puis, croyez-le ou non, elle lui a adressé un sourire gigantesque en le flattant gentiment du bout de l'index. On aurait dit un parent faisant guili-guili à son enfant! C'est à ce moment qu'elle s'est enfin mise à parler. Mais pas à nous. À son caillou!

— Salut, ma coquelicotte. Ah! Pauvre chouette cacahuète. Je t'ai réveillée, hein? Je suis désolée. Je me sentais un peu seule… Nous sommes arrivées dans le nouvelle classe. S'ils sont gentils? Je ne sais pas encore. Ils me regardent tous comme si j'avais oublié de mettre ma robe. Comme si je me promenais en pyjama ou en petite culotte. Il va falloir que je leur dise bonjour. Mais avant, j'avais envie de causer avec toi un peu. Ne t'inquiète pas… ça va déjà mieux. La maîtresse a installé sa roche sur un coin du bureau et, pendant quelques secondes, j'ai eu l'impression que la chose était vivante, que la roche se mettrait à japper, à grogner ou à miauler. Au fond de la classe, Mario Tremblay a lancé, avec sa délicatesse habituelle:

— Notre nouvelle maîtresse est folle!

J'ai consulté ma copine Jocelyne. Elle s'est frappé la tête plusieurs fois du bout de l'index comme si c'était un bec de pic-bois. Je comprenais très bien ce que ça voulait dire. Et j'étais plutôt d'accord. Notre nouvelle maîtresse était complètement marteau. Toquée. Maboule. Capotée. Une vraie totote.

Le bruit montait dans la classe. Tout le monde se demandait ce qu'il faut faire en pareil cas. Avertir Mlle Lamerlotte dans la classe à côté? Ou M. Cracpote? Les policiers, les médecins, les pompiers? Soudain, notre nouvelle maîtresse s'est levée. Elle a fait tranquillement le tour de son bureau puis, une fois devant, elle s'est installée... dessus. Même assise, la nouvelle maîtresse était grande. Elle s'est raclé la gorge et elle nous a souri. Aussitôt, la classe s'est tue. Plus personne ne chuchotait. Nous étions comme hypnotisés.

— Bonjour...

Sa voix était flûtée et joyeuse, avec un petit quelque chose de timide.

— Voulez-vous... euh... faire des mathématiques? nous a-t-elle demandé.

Personne n'a répondu. Nous étions tous un peu en état de choc. Alors, elle s'est adressée à Guillaume Leclerc.

— Vous, monsieur, aimeriez-vous que nous commencions cette journée avec quelques divisions ou un peu de géométrie?

Guillaume a horreur de tout ce qui ressemble à un chiffre. Il était plutôt impressionné par notre nouvelle maîtresse, mais il est parvenu quand même à répondre.

— Non… Non, madame… Euh… Non, mademoiselle. Euh… Pas du tout.

Le plus drôle, c'est que notre nouvelle maîtresse a semblé ravie de cette réponse.

— Aimeriez-vous que nous préparions une dictée alors?

Cette fois, Mario n'a pas hésité. Il a répondu :

— Non. Ici, tout le monde déteste les dictées. Ça nous rend très énervés…

De la part de Mario, l'affirmation prenait l'allure d'une menace. Mario ne se gêne pas pour faire le singe à l'école. La nouvelle maîtresse lui a adressé un sourire enchanté. Ses yeux pétillaient de joie.

— Vraiment? Ah! Tant mieux! Moi aussi.

C'est exactement ce qu'a dit notre nouvelle maîtresse. Et elle paraissait parfaitement sincère. À ce moment, j'ai pensé que cette étrange vieille dame venait peut-être d'une autre planète. Qu'en temps normal elle était petite et verte avec trois yeux alignés sur le front. Son caillou lui servait d'émetteur-récepteur et la reliait à un vaisseau fantastique valsant dans l'espace à quelque mille milliards d'années-lumière de notre salle de classe. Le pire, c'est que dans le fond j'avais peut-être un peu raison.

DEMERS, Dominique. *La Nouvelle Maîtresse*, Boucherville, © Éditions Québec/Amérique, 1994, p. 9-19.

Une journée avec un glaciologue

Aujourd'hui, David et Steve, son assistant, vont utiliser un radar de sondage terrestre pour explorer l'intérieur d'un immense glacier en progression, le Rutford.

7h00 Le réveil sonne. Malgré l'heure, il fait grand jour. Nous venons toujours sur le Rutford l'été, lorsque l'Antarctique reçoit la lumière du jour 24 heures sur 24. Le Soleil se déplace dans le ciel mais ne se couche jamais en cette saison. Comme il fait néanmoins plus froid la nuit, nous essayons de travailler aux heures habituelles. Notre première tâche en nous levant est d'allumer le poêle. Puis nous restons blottis encore un peu dans nos sacs de couchage en attendant que la chaleur vienne. Chaque matin, nous établissons un contact radio avec la base de Rothera, à 800 km de là. Nous signalons que tout va bien et communiquons notre programme de la journée. On nous transmet parfois des messages de nos familles. Sans quitter nos sacs de couchage, nous préparons le petit déjeuner, avec thé et flocons d'avoine.

8h00 Il est temps de se lever et de s'habiller pour affronter des températures voisines de −20 °C. Nous commençons par une couche de sous-vêtements triboélectriques, qui chauffent le corps par frottement, deux couches de vêtements en fibre polaire, un blouson molletonné et enfin un anorak de toile pour se protéger du vent. Nos bottes sont particulièrement chaudes. [...] Elles sont utilisées aujourd'hui pour l'armée canadienne, mais reprennent un vieux modèle de chaussures portées par les Inuit. Pour finir, nous mettons une cagoule (indispensable pour se protéger des UV), des gants, des lunettes de soleil et de la crème solaire à écran total.

8 h 30 Nous sortons de la tente. Steve enlève la bâche qui recouvrait la motoneige et prend un traîneau avec l'équipement de survie. J'installe, quant à moi, le matériel radar sur un autre traîneau. Puis j'utilise le GPS pour relever notre position exacte.

9 h 00 Nous quittons le camp. Steve conduit la motoneige en tirant deux traîneaux, l'un avec le matériel radar et moi-même, l'autre avec l'équipement de secours. Mon travail consiste à contrôler l'appareil et à m'assurer de la bonne qualité des données. Nous avons établi un code de signaux manuels que j'utilise pour signifier à Steve qu'il faut accélérer, ralentir ou s'arrêter. Lorsque nous avançons, le radar donne une image de l'intérieur du glacier.

Nous pouvons distinguer les couches de neige correspondant à différentes tempêtes et saisons. Ces renseignements nous permettent de mieux interpréter l'âge de la glace. Nous pouvons aussi voir les crevasses ou les fissures. Les crevasses se forment quand les tensions internes de la glace sont trop fortes. Les données radar m'aident à comprendre ce qui conditionne la fonte du glacier Rutford et comment ce mécanisme pourrait évoluer.

13 h 00 Nous faisons halte pour déjeuner. Comme nous dépensons une grande quantité de calories en raison du froid, nous devons manger beaucoup pour compenser. Pendant la pause, nous prenons du café, des sardines et du chocolat, très énergétique.

13 h 30
Nous reprenons le travail. Il fait d'ailleurs trop froid pour rester longtemps immobile! Cette fois, c'est moi qui conduis la motoneige. Changer d'activité nous aide à rester en forme et à combattre la fatigue.

19 h 00 Nous rentrons au camp. Tandis que je fais une copie de sauvegarde des données recueillies, Steve prépare le dîner sous la tente. La majeure partie des données sont en mémoire dans un ordinateur spécialement conçu pour les froids extrêmes. Chaque soir, je copie l'ensemble des données sur une bande magnétique et j'en garde une copie manuscrite au cas où je perdrais l'une des bandes.

20 h 30 Nous dînons et nous nous préparons pour dormir. La dernière chose que nous faisons avant de nous coucher est de découper quelques blocs de neige pour les mettre devant notre tente. Comme cela, nous aurons de la neige prête à fondre le lendemain matin pour notre première tasse de thé.

BURNIE, David. *La Terre notre avenir*, Montréal, © Éditions Hurtubise HMH, 2000 (traduit de l'anglais par Jean-Philippe Riby).

La pollution,
ça veut dire quoi ?

Une pollution est une modification d'un milieu de vie qui met en danger son équilibre naturel, la santé des êtres vivants et le nombre de leurs espèces. En général, une pollution est due à la présence trop concentrée de substances plus ou moins toxiques ou à des micro-organismes porteurs de maladies.

Si tu jettes de l'acide ou un reste de peinture dans un coin de jardin ou dans un ruisseau, cela va tuer des animaux, des plantes et des organismes microscopiques dans le sol et dans l'eau. Si tu fais brûler un sac en plastique ou un pneu, ça dégage des fumées dangereuses.

Et l'eau, on la boit ! Et l'air, on le respire ! Et les plantes et les animaux, on les mange !

Le plomb contenu dans l'essence se dépose au bord des routes. La pluie lave la route et entraîne le plomb dans l'herbe. L'herbe fixe le plomb. La vache mange l'herbe. Nous consommons du lait et du beefsteack qui peuvent contenir du plomb, un métal très dangereux pour l'organisme !

Les fumées des pots d'échappement de toutes les voitures qui roulent tous les jours sur toutes les routes de la Terre, ajoutées à celles de toutes les cheminées des usines et des chauffages des maisons, provoquent une grave pollution de l'air.

Toutes les lessives, tous les égouts, toutes les usines, tous les engrais, toutes les marées noires, tous les moteurs de bateaux polluent l'eau. De nombreux sols sont aujourd'hui pollués parce qu'on ne s'est pas toujours soucié des conséquences des activités humaines sur l'environnement.

MICHEL, François. *L'écologie à petits pas*, Paris, © Actes Sud Junior, 2000.

Journal des inventions et découvertes de 1900 à nos jours

Le recyclage

Le recyclage consiste à récupérer des déchets et à les transformer pour une nouvelle utilisation. Par exemple, les vieux journaux, une fois recyclés, peuvent servir à imprimer de nouvelles bandes dessinées.

Les débuts du recyclage remontent à la Rome antique. Cependant, en Amérique du Nord et en Europe, pendant les années 1960, les consommateurs ont pris l'habitude de jeter leurs déchets domestiques pour qu'ils soient brûlés ou enterrés. Dans les années 1970, on a pris conscience des risques et du gaspillage liés à de telles pratiques. Des campagnes de recyclage gouvernementales ont commencé à voir le jour, notamment dans les années 1980.

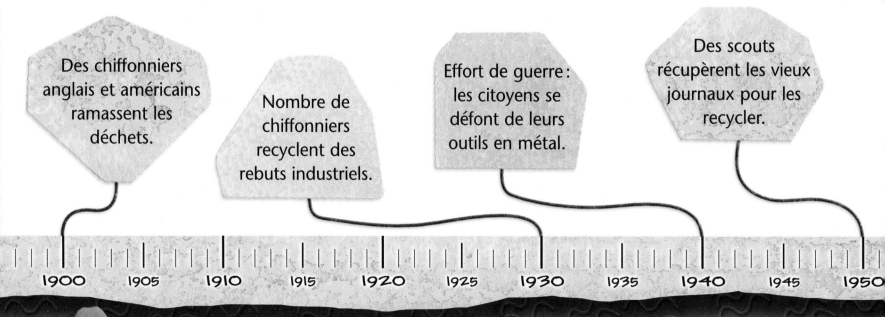

Des chiffonniers anglais et américains ramassent les déchets.

Nombre de chiffonniers recyclent des rebuts industriels.

Effort de guerre : les citoyens se défont de leurs outils en métal.

Des scouts récupèrent les vieux journaux pour les recycler.

1900 1905 1910 1915 1920 1925 1930 1935 1940 1945 1950

Le recyclage des tissus

Un tissu recyclé peut être utilisé de multiples manières : rembourrage de meubles ou de jouets, création de patchworks (vêtements, couvertures) ou de pâte à papier. Entre 1900 et 1930, l'image du chiffonnier qui pousse sa voiturette à la recherche de déchets à recycler et parcourt les rues des villes européennes et américaines est devenue très courante.

Un métal précieux

Pendant la Seconde Guerre mondiale, les matières premières se sont raréfiées à mesure que l'ennemi resserrait son étau. En Grande-Bretagne et en Amérique du Nord, on encouragea les citoyens à se débarrasser de leurs vieux pneus et pièces de métal sur des sites de récupération pour soutenir l'effort de guerre. Les casseroles et sauteuses en aluminium ont été fondues et coulées pour former des pièces d'avion, les rails et les têtes de lit en fer pour l'acier des armes.

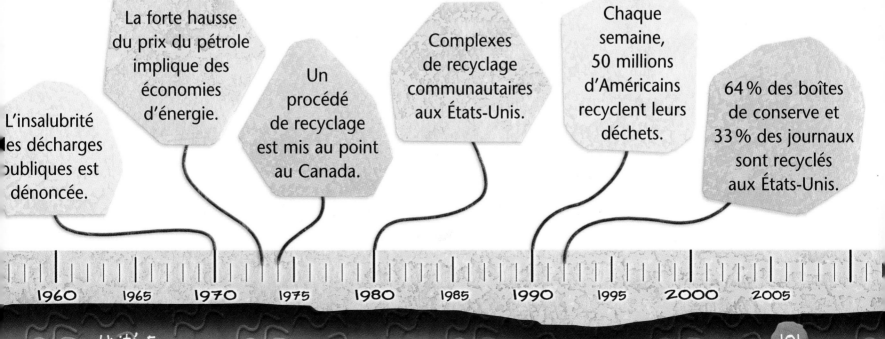

L'insalubrité des décharges publiques est dénoncée.

La forte hausse du prix du pétrole implique des économies d'énergie.

Un procédé de recyclage est mis au point au Canada.

Complexes de recyclage communautaires aux États-Unis.

Chaque semaine, 50 millions d'Américains recyclent leurs déchets.

64 % des boîtes de conserve et 33 % des journaux sont recyclés aux États-Unis.

1960 1965 1970 1975 1980 1985 1990 1995 2000 2005

Canettes et plastique

On trouve deux types de canettes : en aluminium ou en fer-blanc (en acier recouvert de plaques de fer-blanc). Au recyclage, on les sépare à l'aide d'un aimant. Le fer-blanc est alors compacté en blocs. L'aluminium de récupération sert ensuite de matériau de base à de nombreuses industries (nouvelles canettes, pièces aéronautiques). Depuis les années 1980, on a recours au polyéthylène téréphtalate (PET) utilisé pour fabriquer des bouteilles en plastique et recyclable pour créer des pièces automobiles ou des poteaux de barrières en plastique.

Conservation du bois

Certains arbres à bois dur, tels l'acajou et le teck, ont une croissance très lente. Il est donc important de préserver leurs espèces en ne gaspillant pas le bois. Aujourd'hui, tout objet ou meuble en bois mis au rebut n'est plus forcément incinéré. Il peut être retravaillé et alloué à d'autres usages. C'est une façon également de respecter la forêt.

Recyclage du verre

Pour recycler le verre et le réintroduire dans la chaîne de production, les bouteilles doivent être pilées et fondues. Le tri est essentiel. Les différentes couleurs de verre récupéré sont séparées, les étiquettes en papier, métal ou les couvercles en plastique retirés.

Journal des inventions et découvertes de 1900 à nos jours,
© 2001, Marshall Editions Developments Ltd,
© 2002 LAROUSSE/VUEF pour l'édition française.

Le Matagoune

Fiche de
lecture
35

Au bout de deux heures environ, à force de mettre un pied devant l'autre, nous avons atteint le sommet du célèbre mont Jacques-Cartier, dans le parc de la Gaspésie.

Quel spectacle!

Tout autour, à perte de vue, une mer de montagnes et un paysage lunaire, parsemé de blocs de pierre, de mousse et de lichen, comme dans le Grand Nord québécois.

Et les nuages! Si près qu'on pouvait presque les toucher…

C'était fabuleux. Je ne voulais plus redescendre.

Le soir, près du feu de camp, des images plein la tête, j'ai sombré dans un profond sommeil.

J'ai dormi douze heures d'affilée.

Et ce matin, à mon réveil, même si l'arrière de ma tête était encore sensible, ma bosse, elle, avait disparu, et je me sentais fraîche comme une rose. En plus, je mourais de faim.

Je me suis jetée au bas de mon lit de camp et je me suis habillée à toute vitesse pour aller rejoindre mes frères qui déjeunaient dans la tente-cuisine.

Après avoir avalé une banane, deux tartines […] et un grand verre de lait, nous avons couru vers la plage louer une embarcation pour la semaine.

Il ne restait plus qu'un vieux canot rouge et un pédalo jaune et noir. Nous avons choisi le canot. [...]

Nous nous sommes promenés toute la matinée sur les eaux limpides du lac, à la recherche de huttes de castor, de canards sauvages, de grenouilles, d'orignaux…

L'air frais du matin sentait le sapin, la fougère et la fumée des feux de camp. Le soleil brillait dans le ciel. C'était une magnifique journée.

Puis François a découvert un petit ruisseau qui cascadait entre les sapins et les bouleaux. Nous avons décidé de descendre l'explorer un peu.

— Ouf! s'est écrié Marco en sautant sur la terre ferme. Ça fait du bien de se dégourdir un peu les jambes. [...]

Après être descendus, nous avons tiré le canot sur la berge pour l'attacher à un arbre. Puis nous avons commencé à remonter le petit cours d'eau dont l'eau glaciale nous gelait les pieds. Il était impossible d'y marcher plus de cinq secondes sans devoir nous réfugier sur un rocher.

C'était drôle de voir mes frères sautiller d'un pied sur l'autre sur leur perchoir. Avec leurs jambes osseuses, leurs bras maigres et leur air dégingandé, ils ressemblaient à deux grands singes.

Je crois bien que c'est à ce moment que je l'ai aperçu, qui me regardait, immobile sur la rive.

J'ai été si surprise que je suis restée clouée sur place.

Marco et François m'ont bousculée en disant :

— Allez ! Avance un peu !

Mais j'étais incapable de bouger. Je tremblais comme une feuille.
Mon cœur battait à grands coups.

Avec effort, j'ai réussi à bégayer :

— Que… que fait-il là, lu…lui ?

— Qui ça ? m'ont demandé mes frères d'un air surpris.

— L'homme, là-bas ! Juste à côté du grand sapin, ai-je murmuré
en le pointant du doigt.

Mes frères ont regardé dans cette direction, puis ils ont pouffé de rire.

— Ha ! Ha ! Ha ! Très bonne, ta blague ! se sont-ils esclaffés.

Je les ai regardés, bouche bée, avant de leur demander d'une voix blanche :

— Vous ne le voyez pas ?

— Mais si, bien sûr qu'on le voit ! Bonjour, monsieur ! Vous allez bien ?
a plaisanté Marco en agitant la main.

J'ai alors ressenti comme une sorte de vertige et les arbres se sont mis à danser autour de moi. Mes jambes sont devenues molles comme de la guenille et j'ai failli m'écrouler.

— Alex! s'est écrié François en me rattrapant de justesse.

La gorge sèche, j'ai réussi à articuler:

— Je ne me sens pas très bien.

— Ça se voit. Tu es blanche comme un drap. Viens un peu t'asseoir, a-t-il proposé en m'entraînant vers la rive où se tenait toujours l'inconnu.

Reprenant du coup mes esprits, je me suis écriée en me débattant:

— Non mais, ça ne va pas! Tu es fou ou quoi?

Il n'était pas question que je m'approche de cet espèce de... d'épouvantail à moineaux.

Prise de panique, je me suis mise à courir comme une folle dans le ruisseau. Sautant par-dessus les branches mortes, trébuchant sur les rochers humides, tombant, me relevant. Je n'aurais pas couru plus vite si j'avais eu le diable à mes trousses.

Marco et François galopaient derrière moi en me criant de m'arrêter.

Mais c'était hors de question. Je n'arrêterais qu'une fois arrivée au canot.

Que je trouvais bien loin, tout à coup.

Quand j'ai finalement aperçu sa coque rouge entre les arbres, j'ai failli me mettre à pleurer de soulagement.

Je l'ai détaché à la hâte et je l'ai poussé à l'eau. Marco et François m'ont rejointe à ce moment-là.

— Qu'est-ce qui te prend? m'a lancé Marco d'un ton furieux. T'es malade ou quoi?

— Vite! Partons d'ici!

— Mais pourquoi? a demandé François.

— Plus tard! Vite! Montez!

Mon ton suppliant a fini par les convaincre. Ils ont sauté dans le canot et nous avons quitté la rive.

J'étais bouleversée. Que m'arrivait-il donc? Étais-je en train de devenir folle?

Pourtant, je l'avais bien vu, ce drôle de type. Il était bien là. Avec son grand imperméable vert, sa pipe et son chapeau de pluie jaune.

— Dites-moi que vous l'avez vu! ai-je supplié mes frères.

Mais leur regard perplexe m'a vite renseigné. Ils ne l'avaient pas vu.

VALADE, Martine. *Le Matagoune,* Saint-Laurent,
© Éditions Pierre Tisseyre, 2000 (Coll. Papillon).

La forêt des Matatouis

Fiche de lecture 36

Un arbre tombe...

— Voilà, dit papa d'un ton satisfait. Ce gros sapin fera l'affaire.
Qu'en penses-tu, Martin ?

Je rejette la tête en arrière, pour mieux voir. C'est qu'on n'est pas très grand,
à sept ans.

— Il est énorme, fais-je, impressionné.

— J'aurai suffisamment de bois pour terminer
ta cabane. Tu pourras jouer dedans dès demain.

Mon père ébouriffe mes cheveux blonds de la
main. Moi, je souris à pleines dents. Je vais enfin
avoir ma cabane !

Papa me fait signe de m'éloigner de l'arbre.
Je recule et je m'assois sur un tapis de mousse.

Mon père cale ses protège-oreilles sur sa tête.
Il ramasse sa scie mécanique et tire la corde de
démarrage. Le moteur rugit aussitôt.

La lame de l'outil attaque l'écorce rugueuse. Du bran de scie éclabousse
les vêtements de papa. L'entaille s'étend bientôt d'un côté à l'autre.

L'arbre bouge un peu. C'est le signal qu'attendait mon père. Il arrête
le moteur de la scie. Puis il pousse le tronc du pied.

Un craquement se fait entendre. L'immense sapin s'incline. Ses branches supérieures s'accrochent dans les autres arbres. Puis son propre poids l'entraîne. Il tombe…

Soudain, une longue plainte jaillit du ciel. Une plainte à faire dresser les cheveux sur la tête…

Vert sur vert

Nous sommes de retour chez nous. Mon père travaille depuis une bonne demi-heure à la construction de ma cabane. Il dépose tout à coup son rabot sur le chevalet.

— Ouf! s'exclame-t-il. Quelle chaleur! Vivement une bonne limonade!

Papa s'engouffre dans la maison. Moi, je reste derrière à fixer les épluchures de sapin, distrait. Je pense encore au bruit étrange que j'ai entendu tantôt près de l'arbre.

Mon chien Billy se met subitement à japper. Il poursuit un écureuil jusqu'à l'orée du bois.

Je me lance à ses trousses.

— Billy! Reviens ici tout de suite!

Billy est assis au pied d'un érable. Il attend que l'écureuil descende.

— C'est mal d'effrayer ces petites bêtes, Billy. Laisse-les tranquilles.

Tout à coup, j'entends un drôle de bruissement. On dirait le vent entre les branches. Sauf que, aujourd'hui, il n'y a pas de vent.

Billy dresse les oreilles. Puis il écrase son nez fouineur au sol.

— Tu as entendu quelque chose, toi aussi, Billy ?
Je rampe lentement en direction du bruit.
J'arrive bientôt au bord d'une pente abrupte.

J'écarte les herbes qui m'empêchent de voir.
Mes yeux s'agrandissent alors démesurément.

Ils sont une vingtaine, là, en bas de la côte. Et ils sont… et ils sont tout verts !

Culbute

J'ouvre bêtement la bouche, étonné et apeuré.

Les bonshommes verts sont plus courts sur pattes que Billy. Et drôlement chevelus.

Des herbes recouvrent leur corps en entier. Ils se confondent presque avec la verdure environnante.

— Tranquille, Billy. Ce sont des amis.

Les créatures se rassemblent, sans me quitter des yeux. Puis elles commencent toutes à parler en même temps… d'une voix semblable à un gargouillis.

Je saisis quelques mots de leur conversation.

— Il n'a pas l'air méchant, fait l'une d'elles.

— Et s'il détruisait notre maison ?
demande une autre.

Je prends la parole.

— Je ne suis pas méchant, je vous assure. Et je ne viens pas non plus briser vos maisons.

Les bonshommes me dévisagent un moment en silence. Puis l'un d'eux s'avance vers moi. Leur chef, sans doute.

— Tu l'as pourtant fait tantôt, dit-il, sévère.

— Mais non…

— Mais si. Toi et ton semblable avez abattu le grand sapin.
Et par votre faute, Houclink va mourir maintenant…

La fleur de guérison

Je fronce les sourcils.

— Qui est Houclink? Et pourquoi va-t-il mourir?

Les bonshommes font cercle autour de moi.

— Houclink est un des nôtres.
Vous avez coupé l'arbre qu'il habitait.
Il est tombé.

— Seule la lobélie cardinale peut le guérir, affirme le chef. Il n'y a plus de lobélies cardinales, fait-il gravement.
Elles ont toutes été cueillies…

Surprise !

Nous quittons la forêt, la mort dans l'âme.

Nous longeons une terre bien entretenue. Puis la maisonnette du fermier.

Je m'immobilise. Juste devant la fenêtre de la cuisine.

Un vase trône sur une table, dans la cuisine du fermier. Un vase rempli de fleurs rouges. Des… des lobélies cardinales.

— C'est pour une bonne cause ! fais-je en enjambant le rebord de la fenêtre.

Je saisis une poignée de fleurs.
Un cri de joie fuse alors de ma bouche :

— Victoire !

Je dévale follement la pente, entraîné par mon élan. Le peuple matatoui est attroupé au pied du chêne.

Je dépose les fleurs sur la poitrine de Houclink. Délicatement.

Les paupières du blessé se soulèvent.

— Eh bien, fait-il. Qu'est-ce que vous avez tous à pleurer ? Il y a quelqu'un de mort ?

Mon beau sapin...

— Alors ? demande papa. Tu l'aimes ?

Je fais le tour de ma cabane, en connaisseur.

— Ça oui ! Elle... elle est magnifique.

— Je vais faire une promenade en forêt, dit-il. Tu viens avec moi ?

Nous nous engouffrons dans la forêt du Nord.

— Il est superbe, ce sapin, apprécie papa. Je crois bien que je le couperai en décembre. Ce sera notre arbre de Noël.

— Heu..., fais-je dans un soupir. Et si on achetait un arbre artificiel ?

LAROUCHE, Nadya. *La forêt des Matatouis,* Laval, © Éditions HRW, 1997 (Coll. L'heure plaisir coucou). Reproduit avec l'autorisation des éditions HRW, une division du Groupe Éducalivres.

L'air que nous respirons est-il dangereux ?

Oui, les scientifiques ont montré que la pollution de l'air est responsable de maladies respiratoires et cause chaque année de nombreuses morts.

☞ Depuis l'invention de la machine à vapeur, l'homme utilise des combustibles pour faire tourner les moteurs des machines ou des véhicules, et pour se chauffer. Ces combustibles sont le bois, et surtout le charbon, le pétrole et le gaz naturel qui dégagent, en brûlant, des gaz polluants.

☞ Ces gaz se concentrent dans l'atmosphère. Ils retombent sous la forme de pluies acides, qui font mourir les arbres et rongent les pierres des monuments ou des maisons. Lorsque nous respirons, ils pénètrent dans notre corps. Ils peuvent provoquer de simples toux ou des crises d'asthme, mais aussi des maladies du cœur.

☞ D'autres gaz sont à l'origine d'une augmentation des cancers de la peau. Ils ont un nom compliqué – les « chlorofluorocarbones » ou CFC – et ont beaucoup été utilisés dans les bombes aérosols, dans les réfrigérateurs ou dans les appareils de climatisation. Ce sont eux les responsables du « trou dans la couche d'ozone ». Les CFC s'attaquent en effet à un autre gaz, l'ozone, qui, dans la partie haute de l'atmosphère (entre 12 et 50 km d'altitude), forme un bouclier qui nous protège des rayons les plus violents du Soleil.

La diminution de la « couche d'ozone » a une autre conséquence : elle perturbe le développement du plancton, ces minuscules algues qui poussent dans l'océan et constituent le premier maillon de la chaîne alimentaire !

Heureusement, depuis 1990, les pays industrialisés ont décidé d'arrêter de produire ces CFC. Cela ne signifie pourtant pas que la question est réglée. D'autres pays en produisent encore. Et dame Nature a ses propres rythmes : il lui faut du temps pour réparer les dégâts commis par les hommes !

DERAIME, Sylvie. *Préserver l'environnement*, Paris, © Éditions Magnard, 2001 (Coll. Éducation à la citoyenneté).

Le sais-tu ?

Pour remplacer l'essence ou le gazole, très polluants, il existe des carburants « verts », fabriqués à partir de canne à sucre, de colza ou de betteraves.

Pourquoi la planète se réchauffe-t-elle ?

En polluant, l'homme a modifié le climat.

- Il est désormais prouvé que l'homme est responsable du réchauffement climatique en cours, car il a envoyé dans l'atmosphère d'énormes quantités de gaz « à effet de serre ».

- L'effet de serre existe naturellement. Comme les vitres des serres où l'on cultive des plantes, l'atmosphère et les nuages capturent une grande partie de la chaleur émise par le Soleil et renvoyée par la Terre. C'est ainsi que nous bénéficions d'une température moyenne de 15 °C, sinon nous grelotterions à −18 °C !

Schéma illustrant l'effet de serre

- Depuis la naissance de la vie sur Terre, les volcans, les forêts ou les animaux rejettent des gaz à effet de serre. Mais depuis 200 ans environ, l'homme en a produit des quantités considérables. Plus l'agriculture s'est développée, plus elle a libéré dans l'air du méthane, un gaz qui se dégage notamment des rizières et des animaux ruminants. L'industrie et les transports sont toutefois les principaux responsables du réchauffement : en consommant en abondance les combustibles polluants, ces activités ont provoqué une spectaculaire augmentation de gaz carbonique, premier accusé dans le changement climatique.

- Voilà donc comment, entre 1860 et l'an 2000, la température moyenne a augmenté de 0,4 °C à 0,8 °C. Cette modeste hausse du thermomètre a suffi pour faire reculer les glaciers de montagne, pour faire fondre la banquise au pôle Nord, et pour faire monter le niveau des mers de 10 à 20 cm au 20e siècle !

- Les scientifiques prévoient que nous allons encore « gagner » entre 1,5 °C et 6 °C d'ici 2100. S'ils voient juste, les mers s'élèveront d'environ un demi-mètre et inonderont les îles de corail et les terres les plus basses, comme aux Pays-Bas ou au Bangladesh. La sécheresse et la famine s'étendront davantage, tandis que d'autres régions devront s'habituer au froid ou à la pluie.

DERAIME, Sylvie (pour le texte) et Emmanuel KERNER (pour l'illustration). *Je sais préserver l'environnement*, Paris, © Éditions Magnard, 2001 (Coll. Éducation à la citoyenneté).

Préserver la nature

Chaque jour, plusieurs espèces disparaissent, souvent même avant que les biologistes aient eu le temps de les étudier. Beaucoup sont des végétaux ou des créatures minuscules, comme les insectes. Mais même parmi les vertébrés (qui comprennent poissons, amphibiens, reptiles, oiseaux et mammifères), il disparaît en moyenne une espèce par an – rythme supérieur à celui de l'extinction des dinosaures (un événement qui ne s'est pas produit brutalement, contrairement à ce que l'on a tendance à croire, mais s'est étalé sur des milliers d'années). Or, la plus grande partie de ces disparitions sont dues à l'homme. À la longue, notre planète risque de devenir désertique et invivable, si nous n'apprenons pas à en préserver les richesses naturelles.

La destruction des milieux naturels et l'introduction d'espèces provenant d'autres régions de la planète sont les principales causes d'extinctions. À cela s'ajoute la modification du climat due à l'effet de serre : une élévation des températures moyennes au cours de ces dernières années, provoquée en grande partie par l'augmentation du taux de gaz carbonique dans l'atmosphère.

La déforestation

Chaque année, d'immenses étendues de forêts sont détruites pour obtenir du bois et développer l'agriculture. On élimine ainsi le milieu où vivent de nombreuses espèces et l'on augmente en outre la concentration de gaz carbonique dans l'air, ce qui contribue à l'effet de serre. Car seules les plantes peuvent absorber ce gaz pour le remplacer par de l'oxygène.

Les espèces forestières

Lorsque deux espèces ont les mêmes exigences, mais vivent dans des contrées éloignées, elles ne risquent pas d'entrer en conflit. En revanche, si l'une des deux est transplantée chez l'autre, elles se font concurrence. Et si l'espèce étrangère finit par avoir le dessus, l'autre est condamnée à l'extinction. C'est ainsi qu'en Australie, de nombreuses espèces ont disparu, remplacées par celles qu'importèrent les colons. En Europe, l'une des victimes de ce phénomène fut le vison européen, supplanté par son homologue américain.

Les sols infertiles

C'est l'une des caractéristiques des forêts tropicales : tout se développe sur les arbres et peu de substances nutritives atteignent le sol. De ce fait, les zones déboisées de ces régions sont impropres à la culture et ne se prêtent à l'élevage que pour une courte période. Il faut alors les abandonner et abattre d'autres arbres pour créer de nouveaux pâturages.

La défense de l'environnement

Au cours de ces dernières décennies, on a pris conscience de la nécessité de préserver l'environnement pour assurer la survie même de l'homme. De nombreux organismes ont été créés dans ce but, le plus important au niveau international étant l'UICN – Union mondiale pour la nature, dont le siège est en Suisse.

GALLAVOTTI, Barbara. *L'écologie,* Paris, © Éditions Maxi-Livres, 2001 (Coll. Bibliothèque des Découvertes).

La machine à bulles

Fiche de lecture 40

Tout excitée, Clémentine tourne, tourne, tourne la manivelle. Des cascades de petits soleils virevoltent dans le vent et montent doucement dans les airs. Comme c'est joli! La princesse lève les yeux vers le ciel. «On dirait une grande prairie bleue, se dit-elle. Les nuages sont des petits moutons blancs, et moi je leur donne à manger du maïs soufflé bien doré!»

Parmi les amis de Clémentine, on se bouscule pour essayer la machine à bulles. Quelle merveilleuse invention! «Je veux qu'il y en ait une dans tous les foyers du Royaume, décrète le roi Pépin. Vite, ordonne-t-il à Mouk Tchouk, remets-toi au travail. Mes soldats t'aideront. Il faut que tous les enfants puissent faire des bulles increvables.»

Le magicien retourne dans son atelier. Par les fenêtres
maintenant ouvertes, chacun peut regarder les soldats
fabriquer les boîtes rondes à trous. Mouk Tchouk, lui,
s'est retiré dans un coin. Il transvide des produits chimiques
de ses fioles dans de grands chaudrons de cuivre. Les mélanges
se mettent à bouillir. Bientôt la vapeur s'élève et on entend résonner
des bribes de formule magique :

«Abracada… pyja… cépaça!

Abracada… choco… wicéça!»

Ça y est! Les boîtes sont prêtes. Mouk Tchouk les a remplies d'un beau
liquide jaune mousseux qui fait des bulles. Les soldats parcourent le
Royaume pour les distribuer aux habitants. Petits et grands s'en donnent
à cœur joie. De tous les jardins, des milliers de bulles increvables montent
doucement vers le ciel.

Avec son père, Clémentine admire le spectacle du haut des remparts
du château. Soudain elle demande : «Mais, Sire papa, qu'est-ce qu'elles
deviennent dans le ciel, toutes ces bulles qui n'éclatent jamais?»

«Mmm… je ne sais pas… répond le roi Pépin. Je suppose
qu'elles restent suspendues là, tout simplement.»

«Est-ce qu'elles ne risquent pas de boucher le ciel?»

«Ah! Ah! Ah! le ciel est bien trop vaste, s'esclaffe le roi.
Jamais on ne fera assez de bulles pour le boucher.»

Pourtant, peu à peu, le ciel change de couleur. Les millions de petites bulles forment un grand couvercle jaune au-dessus du Royaume.

«Comme il faut chaud! se plaint Clémentine un jour. «Bah! Ça ne fait rien, répond son père. Tiens, je crois même que je vais prendre un bon bain de soleil ce matin.» Et il descend s'étendre sur la terrasse dans son plus beau maillot. Peu après, le voilà qui revient dans ses appartements, rouge comme une tomate. «Ouille! ouille! comme ça brûle! gémit-il.

J'ai attrapé un gros coup de soleil. J'aurais dû installer le parasol!»

Alors les mauvaises nouvelles commencent à affluer de tous les coins du Royaume. Au nord, les glaces fondent et causent des inondations. Au sud, il neige. À l'ouest, il ne pleut plus et les récoltes sèchent dans les champs. À l'est, la pluie est acide: elle pique la peau et abîme les maisons!

Pour en savoir plus...

L'air pur est essentiel à la vie. Comme au Royaume de Clémentine, nous avons dans notre environnement des « machines à bulles » qui polluent : les usines, les autos et les systèmes de chauffage, par exemple, peuvent dégager des gaz nuisibles.

Dans les grandes villes, la pollution est à l'origine du « smog », un brouillard jaune qui cause des maladies respiratoires. Les polluants sont aussi responsables des pluies acides, qui menacent les lacs, les forêts, et abîment les édifices. Certains produits creusent des trous dans l'ozone, ce gaz qui ceinture la Terre et nous protège des rayons dangereux du Soleil. Quant au gaz carbonique, il retient la chaleur, un peu comme les fenêtres d'une pièce exposée au Soleil. Or, ce réchauffement, ou effet de serre, pourrait éventuellement bouleverser le climat.

Maintenant que les dangers de la pollution sont mieux connus, on essaie de les prévenir. On installe des filtres sur les cheminées d'usine et les systèmes d'échappement des autos, par exemple. On invite les gens à ne pas utiliser de produits nocifs pour l'environnement. On prend des mesures pour sauvegarder les forêts : en effet, les arbres sont nos alliés ; ils absorbent le gaz carbonique et dégagent de l'oxygène.

Cette opération de dépollution, chacun peut y contribuer. Pourquoi ne pas prendre plus souvent les transports en commun, ou même le vélo, plutôt que la voiture ?

L'air pur, c'est à la fois gratuit et précieux. Prenons-en donc soin !

GUILLET, Jean-Pierre (pour le texte) et Gilles TIBO (pour les illustrations). *La machine à bulles,* Waterloo, © Éditions Michel Quintin, 1994 (Coll. Contes écologiques).

Mini s'occupe de tout

Fiche de
lecture
41

« Ce soir, je vais dire à papa que Félix ne veut rien faire ! »

Pourtant, lorsque son père rentra, Mini ne dit rien. Elle ne voulait pas jouer les rapporteuses. Mais elle pensa :

« Demain, cela ne se passera pas comme ça ! Il a intérêt à m'aider ! »

Le lendemain matin – le mercredi –, Mini déclara à son frère au petit déjeuner : « Maintenant, nous allons nous répartir les tâches de la journée ! »

Elle mit une feuille de papier et un crayon sous le nez de Félix et commença :

« Toi, tu écris ce que tu as à faire, pour ne pas oublier ! Alors, qu'est-ce que tu choisis ? »

Félix mordillait le crayon sans rien dire. Son père l'encouragea :

« Eh bien, mon fils ? Tu veux que je te donne des idées ?

— Non, non ! Je vais me débrouiller tout seul !
Tiens, je vais descendre la poubelle !

— Et quoi encore ? demanda papa.

— Je vais ranger ma chambre !

— Et quoi encore ?

— Ça ne suffit pas ? demanda Félix en fronçant les sourcils.

— Tu pourrais nettoyer la salle de bains, dit papa, et
aller faire les courses.

— Et Mini, qu'est-ce qui lui restera ? fit Félix,
indigné.

— Je vais ranger le salon, la chambre des
parents, faire la vaisselle ! proposa Mini.

— Ça fait moins que moi ! s'exclama Félix.

— Premièrement, ça ne fait pas moins et
deuxièmement tu es le plus grand ! » dit
papa. Félix ronchonna : « Je suis seulement
le plus grand en âge ! Mais en taille, elle est
aussi grande que moi, la grande asperge ! »
En réalité, Félix est très vexé de ne pas être
plus grand que sa « petite » soeur.

NÖSTLINGER, Christine. *Mini s'occupe de tout*, Paris,
© Hachette Livre, 2000 (Coll. Bibliothèque Rose).

Les patins d'Ariane

Fiche de
lecture
42

Je les veux! Je les veux! Ils sont là, dans la vitrine du magasin de sport. Des patins à roues alignées. Avec de belles couleurs fluo. Superbes!

— Je vais demander à Manon de me les acheter.

— Pauvre Ariane! Tu crois encore au Père Noël?

Ça, c'est bien Philippe! Comme rabat-joie, on ne fait pas mieux.

— Je peux savoir pourquoi tu dis ça?

— Tu viens juste d'avoir un vélo.

— Et après? Ce n'est pas la fin du monde.

Philippe hausse les épaules:

— En tout cas, moi je sais ce que ma mère répondrait.

— Manon, c'est pas pareil, tu sauras.

Philippe me lance d'un ton sarcastique:

— C'est toi qui le dis.

— Tu parles comme ça parce que tu es jaloux, Philippe Courtemanche!

Ça m'a échappé. Tant pis! Il l'a bien cherché.

Philippe blêmit. Vire au rouge tomate.

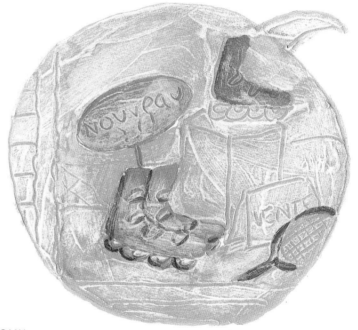

Puis au violet aubergine.

— Là, tu te trompes, Ariane Simard-Côté.
Tu verras que j'avais raison.

Piqué au vif, Philippe détale en quatrième
vitesse. Dommage qu'il n'ait pas de patins
à roues alignées ! Il irait beaucoup plus vite.

Vous ne devinerez jamais ! Je n'en reviens pas !
Philippe avait raison au sujet de Manon. Dès
que je lui ai parlé des patins, elle a fait sa tête
de mule :

— Pas question !

J'ai pris ma voix sucre et miel :

— S'il te plaî-aî-aî-aî-aît. Tous mes amis en ont.

Manon s'est obstinée :

— Tu as entendu ce que je viens de dire ?

J'ai insisté :

— Sans patins, je n'aurai rien à faire de mes
dix doigts durant l'été.

Manon m'a regardée avec un petit sourire
en coin :

— Je ne savais pas que tu patinais
sur les mains.

J'ai sorti mon ton piment poivré :

— Tu sais ce que je veux dire.

— Justement, tu pourras toujours te promener à vélo avec Philippe.

Ce qui est bien, avec les parents, c'est qu'on en a deux. J'attends donc impatiemment le retour de mon père. En s'assoyant à table, Pierre me demande :

— Qu'est-ce que tu as fait aujourd'hui ?

C'est l'occasion rêvée ! Depuis son arrivée, j'espère ce moment ! Le plus naturellement du monde, je lance :

— En revenant de l'école, j'ai vu des patins à roues alignées…

Pierre ne me laisse pas le temps d'en dire plus :

— Je sais. Manon m'a tout raconté…

Je suis suspendue à ses lèvres. J'ai l'impression d'être une équilibriste. Parapluie ouvert, bras tendus, j'avance doucement sur mon fil. Hélas ! Un brusque coup de vent retourne mon parapluie. Pierre laisse tomber :

— … et c'est NON.

Je bascule dans le vide. Je suis abasourdie. Quand je retrouve mes esprits, je comprends ce qui m'arrive.

Ils se mettent à deux contre moi. Deux adultes contre une enfant! Vous trouvez ça juste, vous?

Mais je suis tenace. Alors, je m'accroche. Je reviens à la charge:

— Je peux savoir pourquoi?

— On ne peut pas tout avoir dans la vie. Tu viens de recevoir un vélo neuf. Tu es déjà bien gâtée. Moi, à ton âge…

Encore et toujours la même chanson: «Moi à ton âge…» Le refrain fredonné par tous les parents chaque fois qu'ils nous refusent quelque chose.

Manon ajoute, avec une tête d'enterrement:

— Tu sais, si on agit ainsi, ce n'est pas par plaisir. C'est uniquement pour ton bien.

J'aurais dû m'y attendre à celui-là! «C'est pour bon bien», le succès numéro deux au palmarès des adultes du monde entier.

Une proposition sérieuse

— Je pourrais les acheter moi-même.

— Avec quels sous?

Si Manon pensait me clouer le bec, elle s'est trompée.

— Avec mon argent de poche, tiens.

Mon père sourit :

— Voilà une bonne idée !

Manon enchaîne :

— Ce serait l'occasion d'apprendre
à mieux dépenser tes sous. C'est pour ça
que nous te donnons de l'argent de poche.
Pour que tu deviennes une consommatrice
avertie. Je t'aiderai à faire ton budget,
si tu veux. Mais tu devras être patiente.
Tu n'économiseras pas cette somme
du jour au lendemain.

Je prends une grande inspiration :

— Justement…

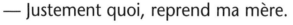

— Justement quoi, reprend ma mère.

Je plonge :

— Justement… Ça fait longtemps que je n'ai
pas eu d'augmentation.

— Nous aussi ! s'exclament Pierre et
Manon dans un grand éclat de rire. […]

Ce n'est pas demain que j'aurai droit à
une augmentation. Autant me mettre
tout de suite à chercher autre chose.

BOUCHER MATIVAT, Marie-Andrée. *Les patins d'Ariane*, Saint-Lambert,
© Soulières éditeur, 1998 (Coll. Ma petite vache a mal aux pattes).

L'écriture braille

L'écriture braille, qui transcrit les mots avec des points en relief, permet aux non-voyants de lire en utilisant le sens du toucher. En braille, on représente les lettres, les chiffres et les notes de musique à l'aide de 6 points distants de 2 à 2,5 mm qui forment ce qu'on appelle une «cellule braille». À chaque lettre, chiffre ou note de musique correspond un ou des points en relief.

On peut écrire en braille en utilisant une tablette et un poinçon. Mais, comme le poinçon forme un creux et non un relief, on est obligé d'écrire les lettres à l'envers pour qu'elles puissent être lues, de l'autre côté de la feuille, dans le bons sens! On peut aussi utiliser une machine à écrire spéciale à six touches, ou, encore mieux, un ordinateur qui traduit, transcrit et reproduit le braille. Un livre en braille est de trois à six fois plus gros que le même livre écrit en caractères d'imprimerie. C'est pourquoi Louis Braille a également inventé un braille «abrégé» qui permet des contractions de mots. Il faut plusieurs mois pour apprendre le braille. De nombreuses personnes voyantes le font, pour pouvoir transcrire des textes pour les non-voyants.

L'Association Valentin Haüy possède une des bibliothèques en braille les plus grandes du monde, dans laquelle les non-voyants peuvent emprunter des livres gratuitement.

«L'écriture braille», *Je lis des histoires vraies. Louis Braille,* Paris, © Fleurus Presse, mai 2002, no 107.

Fiche de
lecture
44

Tout sauf ces souliers !

Mathilde était désespérée. Son père venait de lui offrir, pour la rentrée, des chaussures laides à faire peur ! Les semelles plates, le cuir brun fatigué et les vilains talons mous : tout semblait la narguer ! L'école entière allait se moquer d'elle demain.

Mathilde avait dû se retenir de crier : « Je n'en veux pas ! P-e-r-s-o-n-n-e de mon âge ne porte ça ! Elle imaginait le rire de ses camarades. Elle entendait déjà les réflexions résonner à ses oreilles : « C'était peut-être à sa grand-mère ! » « Où es-tu allée chercher ça ? » Quelle humiliation !

Depuis que son père avait perdu son emploi, il ne pouvait lui offrir mieux que des vêtements d'occasion. Les temps étaient durs, il fallait se serrer la ceinture. Mathilde n'était pourtant pas une enfant capricieuse. Elle avait accepté de faire bien des sacrifices. L'œil sec, elle et ses deux frères avaient regardé partir la voiture familiale. Quelque temps après, l'ordinateur et les jeux électroniques avaient disparu aussi. Puis ce fut le tour de la chaîne stéréo. Tout avait été vendu. Les trois enfants n'avaient pas protesté. C'était leur façon à eux d'encourager leur père.

Mais il y avait des limites. Mathilde ne désirait pas du tout étaler sa pauvreté devant ses amis. La maison était la maison, et l'école était l'école! Et le jour de la rentrée demeurait sacré. Retrouver ses amis, raconter ses vacances, partager ses dernières expériences, exhiber avec fierté une coiffure originale ou une toilette à la mode, rien ne devait gâcher cette première rencontre de l'année. De nouvelles chaussures s'imposaient aussi. Oh! Elle voyait déjà les visages moqueurs penchés sur ses souliers, dans la cour de récréation. Quel supplice! Et pourtant, elle avait aperçu de jolis bottillons rouges, dans une vitrine, quelques jours plus tôt. Ils auraient craqué à ses pieds, à la rentrée, et ils auraient fait craquer ses amis! Son frère Julien lui avait suggéré de teindre en rouge les affreuses chaussures.

— Pas question! s'était exclamée Mathilde. Cela les rendrait deux fois plus laides, et on se moquerait deux fois plus de moi! Puis, elle avait ajouté:

— Si au moins papa avait magasiné dans une friperie plutôt que dans un magasin d'occasion! Les souliers rétro, c'est tellement plus amusant…

BONENFANT, Christine. *Les souliers magiques*, Montréal, © Éditions Hurtubise HMH, 2000 (Coll. PLUS).

ROMAN

Fiche de lecture 45

Un garçon pas comme les autres

Sur le chemin qui descend vers l'école, entre les grands pins et les rares bouleaux, le petit Julos marche en regardant ses pieds.

— Gauche, droite, gauche, droite… et encore gauche. Et gauche, gauche, gauche !

Le pied droit dans sa main droite, le petit Julos saute tranquillement sur un seul pied.

— Gauche, gauche, gauche, gauche…

Une racine juste à côté d'un trou et, tout à coup, hop !

Hop ! le petit Julos s'arrête pile.

— Si j'étais comme les autres, j'aurais pu tomber dans le trou… dit le petit Julos.

Le petit Julos n'est pas comme les autres. Mais les autres
ne le savent pas. C'est un immense secret qu'il garde
bien au chaud sur le bord de son cœur. Le petit Julos
est plus petit que les autres, il ne saute pas très haut,
il ne court pas, il ne nage pas, il ne joue pas au ballon.
Jamais. Mais il possède un cheval. Un cheval à lui,
un cheval pour lui tout seul, un petit cheval noir qui
s'appelle Nero.

Personne à l'école n'a de cheval. Le petit Julos a un
cheval. Le petit Julos n'est pas comme les autres. Hier, une
petite fille est entrée dans la classe sans dire un mot. Elle a les
cheveux noirs comme la crinière de Nero. Quand elle est entrée, elle a
souri doucement. Elle a dit qu'elle venait d'une autre école. Elle a dit qu'elle
venait de changer de maison, de changer d'école, de changer d'amis.
Elle a souri encore, elle a regardé le petit Julos droit dans les yeux.
Elle a dit qu'elle s'appelait Lola.

Tout le monde court, tout le monde rit, tout le monde crie. Tout le monde
sort de l'école. Finie la journée ! Le petit Julos range lentement ses affaires.
Il lève la tête. Quelqu'un l'observe. Il sent dans son dos deux yeux qui
l'appellent. Il se retourne et il voit Lola, toute droite, son sac sur le dos
et sa tresse par-dessus. Son cœur fait un petit bond.

— Par quel chemin tu rentres ? demande Lola.

— Par celui-là, répond le petit Julos en montrant le chemin des grands pins.

— Alors, moi aussi, dit Lola avec un sourire.

Sur le chemin des grands pins, Lola saisit tout à coup la main du petit Julos
encore toute brune du dernier été. Et elle se met à courir.

— Non! hurle Julos.
Non!

Lola veut courir jusqu'au
premier bouleau. Elle part au
galop, sa tresse sur le dos.

— Le premier arrivé aura…
quelque chose!

Elle court, elle court, Lola!
Essoufflée, tout en sourires,
elle s'adosse au premier bouleau
et regarde venir le petit Julos.

— Cours! crie Lola. Cours un peu et je
te donnerai…

— Non!

Le petit Julos rejoint Lola sous le
premier bouleau.

— Je cours jusqu'au pin qui a perdu sa tête.
Là-bas, tu le vois?

— Lola, ne cours pas, demande le
petit Julos.

Dans la tête de Lola, des questions…
Il est paresseux? Il a mal aux pieds?

Qui c'est, ce drôle de garçon qui ne veut pas courir?

DUCHESNE, Christiane (pour le texte) et Mylène PRATT (pour les illustrations).
Un baiser pour Julos, Saint-Lambert, © Dominique et compagnie, 2000 (Coll. À pas de loup).

Jouer avec le temps

— Nathalie, n'oublie pas d'être de retour à la maison pour 17 heures. On n'a pas envie de manger des pâtes trop cuites parce que tu arrives ENCORE en retard !

— Oui Maman, je serai à la maison pour 17 heures…

En tout cas, je vais essayer ! Ce n'est pas toujours facile de quitter mes amis, les balades en vélo, les jeux de ballon et de kick-la-cacanne pour rentrer à la maison. Manger. Faire mes devoirs. Prendre mon bain. Brosser mes dents. Puis me mettre au lit.

Alors, il y a deux semaines, afin d'étirer mon heure de rire et de plaisir avec mes copains, j'ai trouvé un excellent moyen pour arriver en retard à la maison. J'ai tout simplement reculé les aiguilles de ma montre ! Lorsque 17 heures pointe son nez, je fais donc faire un petit bond arrière à l'aiguille des minutes de ma montre. Ah ! dix autres minutes de compagnie et de joie !

Naturellement, quand j'arrive à la maison, il est 17 heures 10 sur toutes les horloges. Mais il est exactement 17 heures à ma montre. Et lorsque ma mère ouvre la bouche, prête à me sermonner parce que j'arrive ENCORE en retard, je lui montre fièrement mon bras et je lui dis :

— Regarde, Maman ! il est 17 heures à ma montre…

Mon plan, à ma grande surprise, a très bien fonctionné. À tel point que j'ai cru que je pourrais duper mes parents encore bien longtemps. Et sur bien d'autres choses. Or, avant-hier, alors que je m'apprêtais à exhiber encore ma montre, mon père a dit :

— Zézette - ça c'est l'un des jolis surnoms qu'il me donne ! - je crois que ta montre perd du temps. Et comme on n'a pas envie de perdre le nôtre, je pense qu'on devrait songer à t'en acheter une autre…

OH NON !!!

Eh oui ! C'est pour ça que je me retrouve aujourd'hui avec un nouveau bijou au bras. Une montre toute noire et toute laide ! Et qui a coûté très cher en plus !! Et qui possède une super garantie en plus, plus !!! Et qui est sans aiguilles en plus, plus, plus !!!! On appelle ça une montre « à affichage numérique ». Mes amis m'ont dit que je pouvais quand même reculer l'heure grâce aux boutons. Mais est-ce que je peux ENCORE faire ce coup à mes parents ? Il faut absolument que je trouve un autre moyen pour jouer plus longtemps avec mes copains. Mais en attendant de trouver LA solution, je dois désormais arriver à l'heure pour le repas du soir…

FERRARIS, Nathalie. *La picote du vendredi soir*, Saint-Lambert, © Soulières éditeur, 2001 (Coll. Ma petite vache a mal aux pattes).

Pourquoi ça existe, la timidité ?

Regardez Simon, il fait plus petit que son âge. Il se tient le cou rentré dans les épaules. Il marche un peu penché en avant. Il a l'air craintif. Il hésite toujours. Il est peureux, maladroit et renfermé. Quand il parle, il bafouille. Pour un rien il rougit, il sent qu'il rougit et cela le fait rougir encore plus. Simon est un timide.

Caroline aussi est timide. Elle a toujours peur qu'on se moque d'elle. Si elle doit parler devant les autres, elle s'imagine qu'elle va faire rire tout le monde. Caroline croit que personne ne la comprend. Les autres lui font peur et, pour se défendre, elle devient violente et quelquefois méchante. C'est parce qu'elle souffre.

Simon et Caroline ne se sentent bien qu'à la maison. S'ils doivent partir en colonie de vacances ou s'ils partent en camp, ils en deviennent malades. Ils ont peur de quitter leurs parents. Ils n'aiment pas sortir. Ils n'aiment pas jouer avec des camarades. La timidité a fait de Simon et de Caroline des solitaires.

Michel-Ange aussi était timide.

La timidité, c'est la peur de l'autre. C'est comme une paralysie qui empêche d'agir. Le timide souffre de se sentir toujours en état d'infériorité devant les autres. Souvent, les timides sont accusés d'être égoïstes, mais c'est faux, ils sont aussi sensibles que les autres, seulement ils ont peur de le montrer.

Les timides ont les mêmes qualités que les autres mais ils n'osent pas en faire usage. Mais il arrive que les timides aient tant envie de gagner qu'ils réussissent mieux que les autres, comme le grand peintre et sculpteur Michel-Ange. Les timides ne doivent jamais se décourager. Ils peuvent gagner! La première chose à se dire, c'est que l'idéal n'est pas d'être un enfant sage.

L'idéal c'est d'oser vivre avec les autres. Un timide doit chasser sa peur. Les autres ne sont pas mieux que lui. Une timide doit apprendre à sourire, c'est une victoire et un excellent moyen de rencontrer les autres. Et que tous ceux qui ne sont pas timides encouragent les timides à gagner comme on encourage les champions!

DE BRUYNNE, Jean. «Dis-moi, Denys? Pourquoi ça existe la timidité?», © *Okapi*, Bayard Press Jeunesse, no 139, septembre 1977.

Louis Braille

Fiche de lecture 48

1re PARTIE En 1809, lorsque Louis Braille naît dans un petit village de Seine-et-Marne, personne ne peut imaginer qu'il reposera un jour au Panthéon. Mais un banal accident, l'année de ses trois ans, fait basculer son destin… […]

2e PARTIE ## Louis ne renonce pas

L'emploi du temps de l'Institution est très chargé. Entre les matières scolaires, les ateliers pratiques, les leçons de musique, les concerts et les représentations publiques où on fait des démonstrations de lecture et d'écriture, les élèves ont très peu de loisirs. Mais rien ne décourage le jeune Louis.

— Nous les aveugles, on a quand même un avantage sur les autres, déclare-t-il à son ami Gabriel : on n'a pas besoin de lumière pour travailler ! Je me lèverai avant tout le monde, et puis j'aurai aussi toutes les vacances pour réfléchir à un nouveau système d'écriture. De son côté, Gabriel se lance également dans des recherches. D'autres élèves s'y mettent, mais Louis est le plus acharné. « Pourquoi ne pas en discuter avec Monsieur Barbier ? se dit-il un jour. Après tout, c'est lui qui a eu l'idée d'écrire avec des points en relief. À nous deux, on pourrait sûrement améliorer son système. » Seulement Monsieur Barbier est un peu agacé de voir un adolescent se mêler de modifier « son » invention. Qu'a donc ce garçon contre l'écriture phonétique ? Pourquoi tient-il à tout prix à ce que les aveugles connaissent l'orthographe ? Louis est à deux doigts de perdre patience.

— Vous ne comprenez pas, Monsieur, comme c'est important pour nous d'être aussi instruits que les gens qui voient ! C'est en ayant plein de choses passionnantes dans la tête qu'on peut oublier ce qui nous manque…

Cependant, Monsieur Barbier refuse de se laisser convaincre, et Louis se remet au travail tout seul. Il a de moins en moins de temps libre, car l'année de ses quinze ans on lui confie la responsabilité d'un atelier. Mais rien ne l'arrête. Dès l'aube, dans le silence du dortoir, il combine, compose, construit sans relâche les lettres qui tournent dans sa tête comme un manège emballé. Et, lentement, en tâtonnant, il atteint son but. Il a seize ans lorsqu'il aboutit enfin à un résultat satisfaisant. Avec six points en relief, il obtient soixante-trois combinaisons possibles : c'est plus qu'il n'en faut pour représenter les lettres, les chiffres et la ponctuation. Bien sûr, il y a encore des détails à améliorer pour que le système soit aussi parfait que possible. Car il faut pouvoir aussi différencier les capitales des minuscules, et Louis tient absolument à ce qu'on puisse transcrire la musique. Il a encore du pain sur la planche !

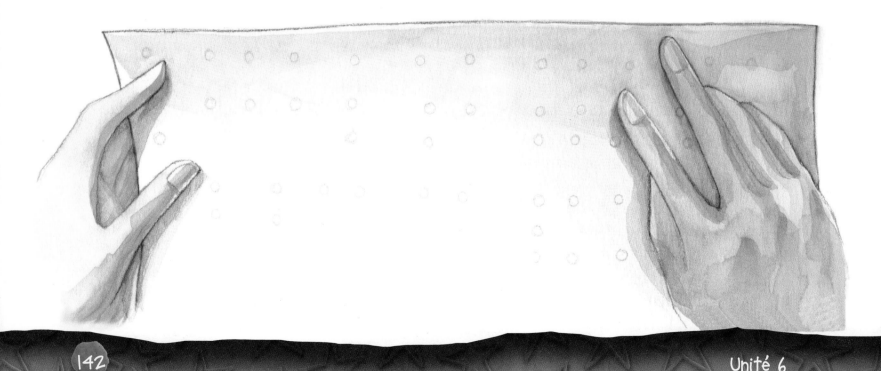

Première leçon

À l'Institution, tout le monde est enthousiasmé : ses camarades, les professeurs et le directeur, Monsieur Pignier. Celui-ci est tellement convaincu par l'invention de Louis qu'il décide un beau jour de transcrire un livre de grammaire en appliquant son système. Et, en 1829, on publie un livre qui explique sa méthode d'écriture, à laquelle on donne le nom de « braille ». Louis a tout juste vingt ans.

— C'est simple, explique-t-il aux jeunes élèves. Chaque lettre est formée d'un ou de plusieurs points en relief pris dans un rectangle de six points. Les six points sont toujours disposés en trois rangées de deux.

— Ça ressemble un peu à ce que faisait Monsieur Barbier, remarque un élève.

— Oui, je me suis inspiré de son système. Mais mes six points occupent beaucoup moins de place que les douze qu'il avait prévus. Avec un peu d'habitude, vous pourrez lire une lettre sans même avoir à bouger votre doigt. (Louis prend la main d'un petit élève.)

Pose ton index là. Tu peux me dire quel point est en relief ?

— Bien sûr, répond le gamin. Le point en haut à gauche !

— Cela veut dire que c'est un A. Pour le B, on ajoute un autre point…

Tous l'écoutent, fascinés, posant tour à tour leur index sur les lettres que leur indique Louis. Il y a maintenant cinq ans qu'il a été nommé répétiteur et qu'il les aide à apprendre leurs leçons et à faire leurs devoirs. Il explique si bien, sans jamais s'impatienter, qu'avec lui on a l'impression d'apprendre sans effort.

— Et comment on fera, pour écrire ? demande un autre garçon.

Louis tâtonne sur son bureau pour attraper une réglette percée de petits trous. Il la tend au jeune élève.

— Avec cette réglette et un poinçon, on peut dessiner toutes les lettres. « Dessiner » n'est d'ailleurs pas le mot exact, puisque en réalité on « creuse » le papier avec le poinçon pour que les points ressortent en relief de l'autre côté de la feuille.

— Mais alors, remarque le garçon, de l'autre côté, la lettre va être à l'envers !

Louis rit gentiment.

— Non, parce que toi, tu la formeras à l'envers. Si tu veux que les trois points de gauche soient en relief pour le lecteur, tu devras enfoncer le poinçon sur les trois points de droite. Ça a l'air un peu compliqué, mais tu verras qu'on attrape très vite le coup de main.

NICODÈME, Béatrice. « Braille », *Je lis des histoires vraies. Louis Braille*, Paris, © Fleurus Presse, mai 2002, no 107.

Puis-je m'approcher
d'un animal qui semble gentil?

1. De quelle façon peux-tu attraper la rage?

_____

_____

2. Chez quel animal domestique la rage est-elle plus répandue?

_____

3. Certains animaux adoptent des comportements surprenants souvent causés par la rage. Lis les phrases suivantes et trouve de quel animal il s'agit.

a) Habituellement, je vis la nuit, mais depuis quelque temps, on m'aperçoit le jour. Qui suis-je?

_____

b) Je dégage une odeur désagréable et on m'évite, car je peux être porteur de la rage. Qui suis-je?

_____

c) Je marche difficilement et je manque d'équilibre en me tenant debout. Qui suis-je?

_____

d) Je suis plutôt timide, mais gare à toi si j'ose m'approcher. Qui suis-je?

_____

4. Quelle est la bonne attitude à adopter lorsqu'un chien inconnu s'approche de toi?

5. Si tu as un animal à la maison, quelle est la meilleure façon de diminuer les risques d'attraper la rage?

_____

6. En te référant au texte, fais un X dans la bonne colonne, selon que l'énoncé est vrai ou faux. Apporte ensuite les corrections nécessaires en transcrivant la partie du texte qui remplace chaque énoncé faux.

Énoncés	VRAI	FAUX	Corrections
a) Tu peux t'approcher des animaux que tu ne connais pas.	☐	☐	_____ _____
b) Il faut prévenir la police ou les services vétérinaires si on voit un animal au comportement bizarre.	☐	☐	_____ _____
c) Si un chien errant s'approche de toi, reste calme et immobile.	☐	☐	_____ _____
d) Les chiens font connaissance en léchant la personne ou l'animal qu'ils rencontrent.	☐	☐	_____ _____ _____
e) Si tu te fais mordre, tu dois seulement nettoyer la plaie et mettre un pansement.	☐	☐	_____ _____ _____

Nom : _____   Date : _____

Linn-Linn la petite fille du restaurant chinois

1. Lis la première partie du texte. Que raconte-t-on dans cette partie ? Remplis le cadre de récit suivant pour t'aider à résumer l'information importante.

Cette histoire se passe en _____ . _____ , une petite

fille chinoise, s'ennuie parce qu' _____ .

Ses parents ont ouvert un _____ et ils travaillent beaucoup.

2. Lis maintenant la deuxième partie du texte. Que se passe-t-il alors ?
Remplis le cadre de récit suivant.

Linn-Linn pense à quelqu'un qui lui manque beaucoup : Yie Yie, son

_____ , qui est resté seul en _____ .

Un midi, quelqu'un arrive au restaurant en _____ .

C'est _____ . Linn-Linn n'en croit pas ses _____ , elle crie.

3. Lis enfin la dernière partie du texte. Que se passe-t-il ? Remplis le cadre de récit suivant.

Sao Chi, _____ de Linn-Linn, lui remet le cadeau que lui a envoyé son

grand-père _____ . C'est un _____ dans une cage

sculptée. Grand-père aimerait que Linn-Linn prenne bien soin de l'oiseau. Pour cela, il veut

qu'elle _____ son *oiseau*, _____

_____ .

4. Linn-Linn part en ville avec son oiseau. Selon toi, que va-t-il se passer maintenant ? Invente une fin à cette histoire.

_____

_____

_____

_____

5. Quel est le sens des mots en gras ? Pour chaque mot, surligne la bonne définition. Utilise les indices du texte pour t'aider.

a) Des senteurs de champignons du bois chinois s'échappent d'une **marmite** en terre. (assiette, casserole, plat)

b) Il y résonne un **tintamarre** de tranchoir, de bols, de cuillers, de tamis, ... (vacarme, bruit faible, musique douce)

c) Le **service** dure encore, dure depuis midi ! (pourboire, aide, action de servir)

6. Dans le texte, trouve trois mots, expressions ou descriptions qui évoquent la culture chinoise.

_____

_____

_____

7. Selon toi, Linn-Linn se sentira-t-elle encore seule malgré la présence de l'oiseau ? Explique ta réponse.

_____

_____

8. Donne une situation dans ta vie où, toi aussi, tu as ressenti de la solitude.

_____

_____

_____